LOW FASHION

老发烧

张璇 著

Wuhan University Press
武汉大学出版社

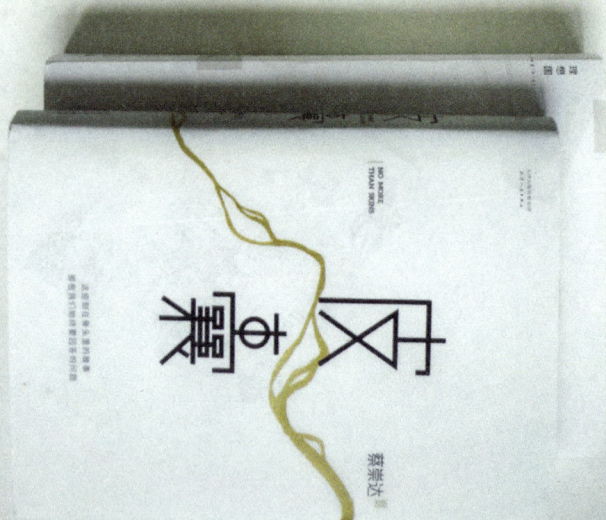

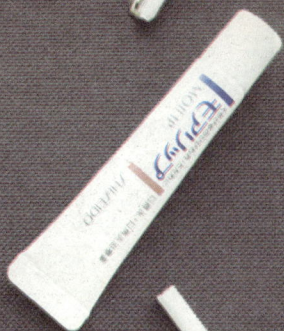

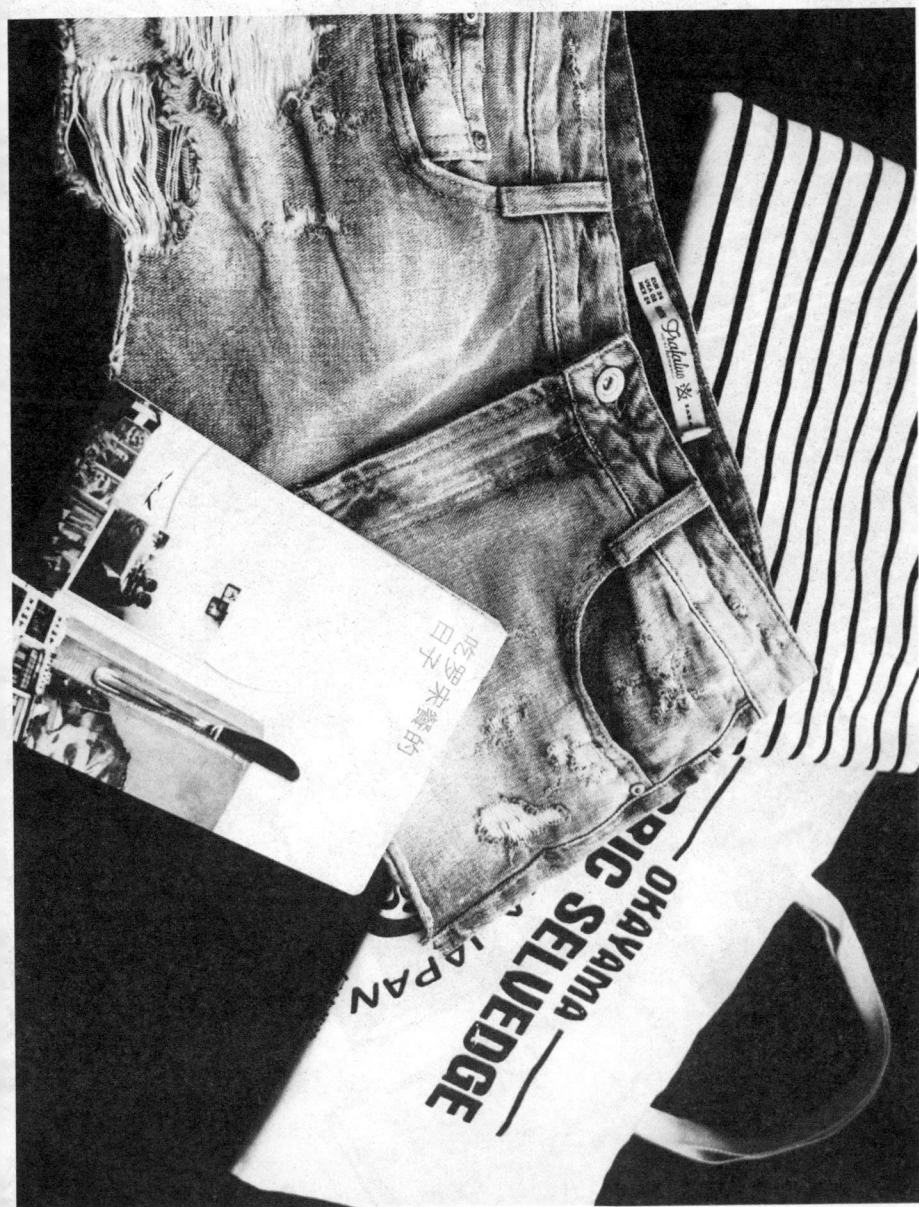

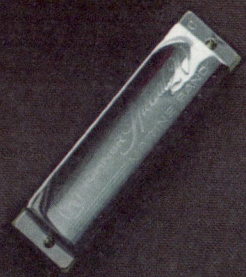

红薯泥

材料：

红薯 1个（中等大小）
橄榄油 1勺
盐 1/2勺

做法：

1. 红薯去皮，切成手指粗的长条。

2. 将红薯与橄榄油、盐放在碗里搅拌，平铺在烤盘上，放入烤箱，以200℃烤约30分钟（期间用大火烤20分钟，中途记得翻面）。

3. 出炉后撒上葱花和盐即可。

自序

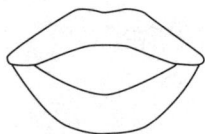

包益民在对Yohji的访谈中说过Yohji的衣服，是做设计的人会喜欢的衣服。Yohji的衣服要看的是背面，因为设计师本人认为女人离去的背影有一种忧伤的美。也正因如此，Yohji设计的服装，背后线条总是非常优美。

我会再多加一条，Yohji的衣服是一定要亲自试穿才能体会出他所倾注的东西，再和自己的身体达成微妙的理解。

阅读亦是如此。

现在的你，因为网络便利，可以有更多的选择去看到你想要看到的文字，各种形式，各种风格。你也许已经很久都没有买过纸质书，对动辄几十万字的纯文学作品失去耐心，跨界思考和培养全面的生活品味变得奢侈。你把更多的时间花在莫名其妙又让你身心俱疲的事情上，却说不出意义所在。

那么，如果你愿意耐心看看这本书，就真的太感谢了。

有些人认为，时尚就是品牌与标签的堆砌，是每年那几次大秀，是铜版杂志上闪闪发光的模特的脸，可这些，跟你的关系是什么？你依然会在每天醒来的时候，对着满衣柜的衣服不知道穿什么才好。你每天都在照镜子，却从未看清过自己，或者说是，你看到的只是想象中的自己。

设计大咖斩钉截铁地在每年固定的时间内，像发布教义一样告诉你：你应该这么穿。大众媒体也纷纷附和：钱应该这么花。那么，你自己的想法呢？你可以明确地说出什么是森女元素，什么是西装的最佳穿搭方式，什么是20年代的爵士女郎风格，什么是70年代的嬉皮风潮？又或者，你可以自信地回答我，哪个牌子的纸巾是最适用于人类的，哪家的面包发酵风味最妙，哪个产区的威士忌最配当地的活水而不是粗暴地添加冰块？

时尚与非时尚之间的标尺，到底在哪里？

如果在阅读《Low Fashion 老发烧》的过程中，我戳痛了你，甚至让你隐隐觉得羞耻和不自在，请别担心，因为你已经领悟到一部分"时尚"的乐趣所在了。

阅读是讲究体会和质感的东西，不平淡也是其中一部分。

是为序。

a

目录

LOW FASHION

b

目录

LOW FASHION

C

目录

01.
把钱花在看不见的地方

在两件事情上我一直比较有自信：男女关系和怎样花钱。

别误会，不是说我睡过足够多的男人，而是对于男女关系我一直比较敏感。

这就好比拥有天赋异禀的雷达系统——方圆百里内的奸情均逃不过我的法眼，见面不超过5分钟的异性我就能预感自己会不会和他发生点什么，闺蜜数年情感纠葛，我可以瞬间戳中她的痛处，让她秒速认清渣男的真实面目。

而在花钱的方面则更实际一些：

在两件衣服之间做选择，不看标签的时候永远能选到最贵的。跟我一起逛街的小伙伴从来不会空手而归，我会让他们买一些他们自己从来不会买但试穿后感觉赞爆了的东西。给朋友、老板、老板的小情人选礼物，找我代劳也准没错，保证在合理预算范围内，出其不意地挠到痒处。

其实在我看来，花钱的诀窍很简单——就是把钱花在看不见的地方。

当你还心心念攒钱欧洲五国十日游的时候，有的人已经去非洲打猎、去南极看企鹅了，相信类似计划一定在你的agenda上排名甚后吧。

不如索性就放弃好了，既然不能做最有钱的那个，退而求其次做最有品的总可以了吧?

我认识一个姑娘，头发从来都是自然的棕黑色，顺直柔软没有一丝分叉。指甲剪得恰到好处，不涂任何突兀颜色，甚至都不涂透明甲油，但是会定期做手部护理给指甲抛光打蜡。伸出十个纤纤玉指，每个指尖都闪动着贝壳般的光泽，瞬间就秒杀掉了周围其他的二三流竞争对手。

有一次我好奇地问她用什么牌子的香水，味道如此别致。她竟然回答我自己从来不用香水，香味的来源是一个欧洲有机品牌的熨衣水——利用熨斗的蒸汽为衣物添加自然香味。这是一个以洗护产品出名的小众品牌，同系列还有洗衣液和抗静电喷雾、抗皱喷雾，等等。没有简单粗暴的化学添加剂，没有廉价的"联合利华"味儿，虽然价格小贵，但是这份精心对待好衣服的心态真是让人不禁拍手称赞。要知道，看到一个姑娘身穿精致套装但有褶皱线头，比看到她牙齿上有口红印还让人难受。

而我所说的这个姑娘，你永远看不到任何闪金LOGO在她身上出现。而是因为她的谈吐和见识觉得她为人有趣。

这件事还让我想起一则很难get到内涵的冷笑话—— 一位富豪问一位大学教授："如果我花3亿元装修我的别墅，你有什么好的建议吗？"教授想了几秒钟，淡淡地答道："我建议你买一幅伦勃朗的画。"（好吧，我知道你们没笑。）我只是想说，有钱花是一回事，把钱花得漂亮是另外一回事。

花多少钱，花在哪里，终究是要对自己负责的。每天打扮得恨不得别人看你一眼就知道你有多少家产，真以为自己是西部游牧民族吗？

02.
偶尔春心荡漾

等了一冬天的雪，直到冬天只剩尾巴了还不见踪影。一周有一半的时间都是雾霾天儿，温度暖得不像话。太不北京了。

索性就不再对下雪这件事有任何期待，专注春心荡漾好了——想想那些马卡龙般的色彩，略飘逸的质感，挽起裤脚露出的瘦白脚踝，当然了，一定还有少女式的轻松俏皮剪裁——心情顿时好起来。

前几天有姑娘问我：为什么自己明明是个少女，别人却总说她穿衣服很老气?

我个人认为，很多姑娘并不能正视自己的身体，总觉得年轻就可以说明一切问题。但事实上，我也见过很多女孩是在25岁，甚至

30岁以后才真正漂亮起来了，反而是在少女年纪的人的身上更容易看到干枯分叉的头发、过敏蜡黄的皮肤、质感粗糙的衣服、过分夸张的搭配，等等。

少女的定义真心不是蕾丝、蝴蝶结、百褶短裙、FOREVER 21。穿FOREVER 21这类牌子并不能让你看起来像21岁，只能让你看起来是一把年纪了还只有21岁的品味。

以下是我个人心目中的少女品牌前三名：

春心荡漾的少女牌NO.1　American Apparel

AA的特点一目了然：紧身短上衣勾勒出胸型，又爽朗地露出迷人锁骨。紧身高腰牛仔裤，复古俏皮，完美臀型最爱。露背式丝绒连衣裙，性感简洁。再搭配夸张的发带和宽檐帽，想不出彩都难。有趣的是，该品牌的广告全部选用业余模特（大多为American Apparel自己的员工或者顾客），拍摄地点就选在AA的办公区，以20世纪70年代、80年代《PLAYBOY》杂志爱用的摄影手法，表达性感无比却略带纯洁的气息。

虽然这两年已有点被IT girl穿滥的趋势，但丝毫不影响我对它的喜爱程度。因为越是简洁的东西，越容易凸显你本身的性格特征。不似穿范思哲，每个人都有一张情妇脸。

春心荡漾的少女牌NO.2　A.P.C

如果你没有翘臀、没有腰身、没有迷人锁骨、肚脐又怕受凉的话，没关系，你还可以选择A.P.C。

该品牌以简洁明朗的法式风情著称，颜色饱和度相对较低，款式也主打安全牌。条纹，格子，假皮草，局部动物纹点缀，芭蕾鞋，米色系风衣，均是传统型少女的最爱。法国人在对审美方面的态度几乎全世界无人能比——他们坚信自己审美超群，甚至不屑于标新立异紧跟潮流。

何况说到法式风情，光读出来就已经春心荡漾了吧。

春心荡漾的少女牌NO.3　Miu Miu

国内近几年才把Miu Miu称为少女品牌，而不是Prada的副线。其实在品牌设立之初，缪西亚女士就没有把Miu Miu当作副线品牌（关于这点可以读一点缪西亚的个人传记和家族历史）。Miu Miu表现出来的少女精神和Prada传达出来的冷冽感完全是两回事，而且这几年Miu Miu的品牌独立性表现得更彻底了，它才是她的命根儿。

如果说AA是含着棒棒糖的懵懂少女，那Miu Miu则是略有性启蒙，想要勾引大叔的坏女孩。2007年的Pre-collection是鄙人最爱，将芭蕾和的士高元素巧妙融合，既有童真的搭配，也有麦当娜怀旧的闪粉跳舞鞋，堪称经典。

　　其实所谓少女，和年纪大小真的一点都没有关系，就算已经过了"小妖精"的年纪，偶尔春心荡漾又如何呢？

　　我曾经在巴黎街头，看见过很多次美丽到让人忍不住惊呼的老太太。其中有一个，穿素白色麻质中袖上衣，剪裁合体但毫不紧绷浮夸，下身配一条宽边束腰压细褶灰绿色长裙，袜子是透明带柠檬黄小花的短袜，但脚上却配了一双绿色豹纹印花的Kenzo球鞋。她头发灰白，走路不紧不慢，裙裾轻扬。我当时完全被这个搭配惊呆了，品位段数完爆时装周女明星数百次啊。

　　只要是看到她们，你甚至可以觉得变老是一件值得期待的事情。因为人要活得有一点质感，确实是需要时间去沉淀的。

03.
时髦成瘾

　　我身边有很多女友都热衷Chanel。理由很简单，Chanel代表的是一种安全感、一种认知度，名牌中的名牌，为任何自信不足或自信心动摇的女性提供一个稳定的保护罩——因为它永不会出错。

　　可我自己却很难对这种iconic类的单品感兴趣，Chanel的tweed套装固然很美，但不免给人一种制服感。如果一位穿Chanel套装的女性迎面走来，基本可以隔500米就能确定，她的手袋、香水、内衣甚至是手袋内侧的Condom都是出自同一品牌（是的，这个牌子确实生产Condom，另外还有冲浪板、自行车、吉他等一系列老子有钱就可以随心所欲买买买的玩意儿）。

　　优雅简洁是没错，但也可以换句话说，你也太无趣啦。

看黎小姐的专栏，讲她是如何在1988年的香港大学校园里因为一个背影而爱上一个人：

"他穿纯白恤衫、501牛仔裤，Timberland牙擦苏底鞋，头发干净少许见青，身型高瘦。我对他的认识就这么多，恋爱就是这么简单——被吸引了，很喜欢，不能解释，一如中了魔咒。是他了，是他了，港大竟然有穿501和牙擦苏的男孩。"

现如今501和牙擦苏当然十分普及，可是在20世纪80年代后知后觉的香港，连伊势丹卖的都是日本的月末货品，哪有什么流行趋势可言？更别提今天烂大街的Dr. Martens和Rick Owens，那时候甚是鲜有人知。所以黎小姐如此莫名其妙地"一见钟情"，在我看来竟特别合理——换作是我也会动心吧。但反过来说，如果她不是也对牙擦苏如此敏感，她可能根本不会在那么多港大学生中注意到他，也不会明白他时髦的妙处在哪。我完全有理由相信，她在看到那个男生的瞬间，那种如获至宝的兴奋感，确实如中了魔咒，比拿到全额奖学金要爽很多很多。

其实时髦是跟"主流时尚品位"两回事的东西，它更敏感、更尖锐、更自我——刚开始你只是很偶然地接触了一点点它的讯息，它自身的魅力让你领悟。然后你感觉太爽了，你想要得到更多，想要感觉更好。于是你张开自己全身上下所有的触角去寻找这种感觉，甚至是去寻找可能跟你有类似感觉的人。你们在一起，交换着彼此的信息，因此，好的感觉会加倍放大，你为自己找到了通往神奇世界的大门。

但是，如果突然有一天有人告诉你，以后再也不会有这种感觉了，凑合过吧，你看大家还不都是平平淡淡的吗。暂且先不论为什么不会有这种感觉了，但事实就是，这事儿绝对凑合不了。这就跟吃惯了和牛，习惯了自然醒，享受惯了大尺寸男人一样，宝贝儿我们再也回不去了。

时髦就是如此会上瘾的东西。

看Bill Cunningham的纪录片，这个被媒体称为记录了纽约半个世纪视觉历史的人，描绘了纽约时尚的全景图。他所有的拍摄作品，只有一个核心点，就是有趣。他并不在意所谓的名人或者社会标签，他只在意有趣的衣裳。即使是凯瑟琳·德纳芙，只要她穿得平淡无趣，老头儿也不会动一下食指。他是一个深谙时髦精髓的人，几十年来从未被主流时尚媒体"教坏"，所以才能几十年如一日骑着辆破旧的单车蹲守在纽约街头，赢得全世界的尊重。

所以，让我们回到开头，我为什么会对iconic类的单品不感兴趣——因为它们的局限性太大了，被贴上固定标签的时间太久了，很难有什么突破。人人拥有和人人认可的东西是我无福消受的。太过整齐，太过印象清晰了，反而抹杀了该有的个性。

而时髦成瘾这种事儿，是无法忍受经典和一成不变的。

04.
性幻想和自我幻想

和同事聊天，她问我："你在ML的时候通常在想什么？"

说实话，我从未认真考虑过这个问题。但如果一定要马上回答的话，应该是什么都不想吧，毕竟人都已经在眼前了。这是该开放身体每一个毛孔好好感受的时候，想太多会直接影响节奏和体验吧。

同事遂给我看一篇美国人做的研究报告：男性和女性在ML的时候，大多数人是有性幻想的，这幻想的内容五花八门，包括：与EX做，与陌生人做，与同性做，与多个陌生人做，被围观，被虐待，被拒绝，与动物做，等等。其中，只有百分之一的人会幻想与动物做，占比最低。但恰恰就是这百分之一的人当中，还真有一些敢于实践的"勇士"。这事放在现在可能只是比较"骇人"，但如果在50年前，人和动物都会被处死。

1962年，美国一名男子在自己临死前被迫亲眼目睹了与他发生性关系的一头母牛、两只牛犊、三只绵羊和两头母猪被屠宰的场面。同样还是美国，1750年，一个名叫杰克·费隆的男子因与一头母驴性交而被吊死。不过这次的事件和以往有所不同，母驴因当地修道院院长和几位地方名人共同签名的一份声明而得以幸存：他们在声明中说，认识此驴已有4年多的时间，而它无论在户外还是在家中均品行良好，从前从未有过任何不良行为……

看到这儿我不禁想问：这种做法是否人道？不，是否驴道？让驴幸存下来，你们考虑过驴的感受吗？难道说作为一头品行良好可爱美丽的驴子，在受到异类荼毒之后，不该羞愤抑郁而死吗？就算苟且活着，在驴界每天受到的羞辱简直让人光想想就觉得无法承受啊。

好吧，容我思维发散一下：如果站在服装的角度考虑，那些勉强被穿在不适合的皮囊之上的衣服，谁考虑过它们的感受？

我也曾经多次在网购、海淘上犯过这种错误——那件外套在模特身上看起来真是长一分嫌多，短一分嫌少，颜色妙不可言，版型又简洁干练，可惜没有我的尺寸。小一码也没关系，心心念幻想面料是有弹性的，等到瘦一点的时候就可以穿，先抢到再说。结果历经一个月包裹终于寄回国内，试穿才发现，何止是小一码，欧洲人测量数据简直是随心情而定，太操蛋了。于是长年累月积攒下不少类似的衣服，压箱底嫌占地，拿出来穿又觉得不是那么回事。幻想破灭的时候，看着那些绷在身体上的昂贵面料，有时候我觉得它们都是一脸嫌弃的表情，分分钟想离开我弹出宇宙之外。

　　或者碰上购物失心疯的时候，偶尔想尝试一下不一样的风格，铆钉啦，蕾丝啦，少女系蓬裙啦，铅笔裙啦……通常这样的情况都是流行趋势使然，好像不跟着潮流买上一两件就十分吃亏似的。潮流吗，就是让你幻想自己可以变成仙女、变成女神、变成种种跟你没有任何关系的样子。等到回头再看这些衣服，简直恨不得一头撞在墙上，一点都想不出当时是怎么鬼使神差地付了款。暂且不说铆钉和蕾丝的可怕之处，就单单是铅笔裙这件事，你确定你照过镜子吗？对于铅笔裙来说，套在这种平淡瘦小的臀部上，你考虑过铅笔裙的感受吗？

女人买东西的时候，理智基本为零。总觉得以后瘦了可以穿，或者套一件薄一点的打底就能塞得进去——这种念头完全是幻想。先不说你对于自己"瘦下来"这件事是不是有合理的预见，等你真的瘦下来的时候，一定会有更好的衣服出现，这点毋庸置疑。太多的"尺寸差一点点"的衣服被囤在衣柜里，并不能成为激励你去健身房的理由，反倒是每每自嘲的时候的好道具。

　　好多姑娘说自己在买衣服这件事上，遵循的是"试错法"——不断交学费，最后才跌跌撞撞地找到一点属于自己的方向。可问题是，在你"试错"的过程中，你买下那些"失败作品"，你是怎么处置它们的？我想你一定会安慰自己说：扔掉怪可惜的，没准儿哪天就能跟其他的衣服搭一搭吧？没错，这就是你多年"试错"过程走得比较久的原因：买了一条不衬你的裙子，好久都没穿过，不忍心，幻想还有妙手回春的那一天，于是又买了其他风衣、围巾、高跟鞋来配，结果发现仍然怎么穿都怪怪的，于是通通压箱底恨不得5年内看不见它们。

　　我宁愿告诉自己，衣服也是有衣格属性的，与其幻想与不合适的衣服发生关系，不如多考虑一下它们的感受？

05.
一人独食

　　记得张爱玲说，她喜欢看时尚杂志，是因为喜欢杂志上对颜色的描述：牙白、胭脂、鸦青、妃色，等等，非常妙。我看村上春树的小说，也是喜欢他对食物的描写多过小说情节本身。而且我最早关于西餐配酒、怎么喝威士忌的启蒙也是来源于他，那会儿是高二吧。

　　实际上村上本人对吃就是十分讲究的，而且因为旅居意大利多年，学得一手混搭的好厨艺（这部分可以看他的旅行散文，更生动）。不光是在小说里，即使是自己独自在家也毫不含糊，20分钟不到就能做出六七碟下酒的精致小菜。

日式料理食物的方法，其实很多和中国类似，只是更清淡、更注重食物本身。我们的古人曾经倒是很讲究这些，甚至更有诗意和情怀，现在却被都市化快餐毁得差不多了。另外，日式料理当然也有很"凶猛"的部分。比如村上在一篇游记里写到的，当时是在瑞典还是意大利某个海岛，和妻子两个人赶早去码头买鱼，因为如果去晚了这一周都没什么可吃的。买到的鱼是刚从海里打捞上来的，活蹦乱跳，在阳光下鱼鳞还闪着光芒，让卖家帮忙杀掉洗净拿回家。俩人就那么站在厨房，挑出最好的部位，用日本刀直接切了生鱼片来吃。新鲜程度一级，甚至都不舍得花时间坐在餐桌前一下。

　　小说《舞舞舞》里面曾有这样一段关于独自吃饭的描述：

　　"嚼罢芹菜，我开始琢磨晚饭吃点什么。细面条不错，粗点切两头大蒜放入，用橄榄油一炒。可以先把平底锅倾斜一下，使油集中一处，用文火慢慢来炒。然后将红辣椒整个扔进去，同大蒜一起炒，在苦味尚未出来时将大蒜和辣椒取出。这取出的火候颇难掌握。再把火腿切成片放进里边炒，要炒得脆生生的才行。之后把已经煮好的细面条倒入，大致搅拌一下，撒上一层切得细细的香菜。最后再另做一个清淡爽口的西红柿奶酪色拉。"——这简直就是一份再完整不过的全餐食谱，步骤简洁、要点清晰，画面感十足。

　　即使是一个人，对待食物也毫不含糊。毕竟一日三餐都吃食堂或快餐的人，基本已经对生活没什么要求了，更别提品位。

我研究了一下，他所说的细面条应该就是赞岐日本细面（一些大一点的进口超市都有得卖），这种细面在日本多用于制作凉面或拌面，基本可以等同于中国的挂面。可是看看你我平时对待挂面的态度，啧啧，简直让人汗颜。

这个细面的做法我自己尝试过很多次，手快的话5分钟就可以搞定，而且营养和卖相都不差。因为我不吃香菜，所以换成了海苔碎，你也可以根据自己的喜好添加其他的东西。主要掌握好火候就没什么问题了，厨房白痴都能轻松上手。特别奇妙的是，这个食谱似乎只适合做小份，食材太多就会滋味寡淡。

也好，那就一人独食好了。搭配热茶或半杯甜白都很好，适合一年四季。

近一两年，我慢慢变成了一个购物毫无乐趣的人——某类食材非得某个品牌不可；某个牌子的酒一定要搭配某个类型的杯子；常用的香水就那几种，有一款生生用到品牌停产；试穿觉得某打底衫不错，就会黑白灰各4件，其他再不多看一眼；一件大衣颜色款式再深得我心，但是材质不对，哪怕是扣子的形状不对，也绝不下手。不像大学刚毕业的时候，每次逛街不刷爆信用卡都誓不罢休。那种拎着各种购物袋，回家后瘫在床上傻笑，又跳起来试衣的兴奋，好像很难再有了。

也正是在最近一两年之内，越来越喜欢一人独食。不用考虑对方的吃饭喜好，不用说多余的场面话，不用只顾着应酬而食不知味，就是一个人。通常多是选择熟悉的日料餐厅，食材新鲜，分量不大但制作精致。气氛安静自然，哪怕一个人点一桌食物再配一壶酒都是理所应当。老板也是态度自若，当你是隔壁的旧友。

这样的吃饭经历，简直可以称得上享受，哪怕是乔治·克鲁尼此时要来作陪也是不换的。

06.
醉酒着装指南

　　作为一个一年之中有大半时间都在醉酒的人，写下这个标题除了有略微的兴奋之外，更多的是觉得自己不要脸。到底是什么精神才能让我把这个时刻作为一个话题拿出来说一说？我想，这可能就是女人的天性吧——再窘迫的时刻也得比隔壁那个bitch美啊。

　　其实所谓醉酒着装，当然不是说你已经醉了还去换一套衣服（这种时候都是直接脱了），而是今天老娘就要大醉，和谁喝、去哪喝都不是要点。当你抱着这种明确目的出门的时候，什么样的装备最适合大醉，既美丽又安全，还能应付突发状况？

1. 发型

从便利的角度来说，其实我比较建议把头发束起来，干练简洁的发型会帮助你给在座的各位留下一个舒适的印象。毕竟，你一定不希望自己在喝到茫的时候，被别人拍下披头散发状如泼妇的丑态。

但如果你热爱长发披肩的迷离浪漫效果，也没关系，只是千万记得在厕所吐的时候把头发拢到一侧，免得一晚上的美好印象都毁于一旦。不过电影中也经常出现这样的桥段，女主角倚在洗手池吐得撕心裂肺，男主角侧立一旁，心疼又体贴地帮她拢起长发，露出颈后迷人的曲线。然后，从此开展一段你死我活的恋爱。

2. 高跟鞋

虽然今年运动风大热，但还是很少见到有谁晚上去喝酒穿Givenchy高帮球鞋的，夜晚终究适合走性感妩媚路线。不过在高跟鞋的选择上，我还是想忍不住多说几句。

请放弃鱼嘴款式，不管你上身穿什么，它都会让你看起来像个文秘（区别也就是月薪三千和月薪三万而已）。还请放弃恨天高、有超高防水台的鞋子，这种款式通常年代感太强，妆容搭配稍微妖艳一点都会感觉像是10年前夜店的宣传海报（濒临倒闭，没有最低消费那种）。

最好的选择是细带，简洁，纯色，这样可以让视线焦点集中在你的脸或者你的上半身。之所以选择细带款式，主要是裸露够多，可以拉长腿的比例，时髦感也有了。至于鞋跟的高度，可以根据你自身的条件选择，舒适，但是美感也一定要有。这就是为什么很多一线大牌动辄七八千块钱的鞋子看起来很平凡，但实际上脚效果很惊艳，人家并不仅仅是卖logo那么简单啊。

3. 手袋

去喝酒的话，手袋还请尽量选择小巧便携的款式。因为我就曾经出现过这种情况，带的包太大了，就存了起来。喝开心了，喝大了，第二天醒来才发现手袋还落在酒吧的存包处。

手袋里装的内容不用太多，简单的补妆用品、湿纸巾、口腔喷雾、少许现金足矣。为了以备不时之需，还可以带一枚condom。还真别觉得这是男性的义务，他们神经大条到甚至不知道自己今天是不是穿了同一双袜子，这种事能靠得住吗？

另外，在手袋的款式选择上，可以选择亮色、精致一些的，为整体造型加分。太随意拎一个longchamp的话，感觉分分钟会从里面掏出一个便当盒来。

4. 服装

最最重要的穿什么，可考虑的太多了：是什么样的场合（关乎你的穿着是否得体）？是要坐整晚还是需要载歌载舞（挑选款式和面料的关键指标）？同场的人品味如何（是否可以惊艳四座或者有撞衫的可能）？是否太过隆重？是否露得不够多？如果露太多了，大衣披肩又要怎么才能衬？配饰的选择？天气影响因素？等等一系列问题。

我的建议是：也没有谁规定非穿裙子不可，考虑到酒醉后走光的危险系数陡增，紧身长裤也未尝不是一个好的选择。何况，当你拥有线条完美的双腿的时候，穿什么都是战衣。而硬拼穿迷你短裙，却在落座之后露出大片肥胖橘皮组织的妹子，裸露太多并不加分啊。

我曾经看过太多这样的情景：明明酒局刚开始的时候是一个金发妖娆的美女，酒醉之后假发发际线歪到了后脑勺却不自知。还有穿了非常性感、非常紧绷的包臀皮裙的美女，却在喝了一轮之后动作扭捏，隔几分钟就满脸通红偷偷去拽裙子，试图调整裙子错位的中线……所以说，出来喝酒之前，一定要考虑好各种酒醉之后的窘态，做好防范措施。女神哪是随便就能当的呢？

但是如果完全不考虑其他因素，关于醉酒，我心中的完美着装方案来源于YSL的一次品牌发布活动。2001年，YSL还属于古驰集团旗下的时候，推出了一款名叫"赤裸"（Nu）的香。他们在法国证券交易所举办了一场深夜狂欢派对，有上半身赤裸、下半身穿着肉色丁字裤的舞者在巨大的透明压克力栅栏里打滚，翻腾。"我目光所及全是狂欢纵欲，"在场的美国时装设计师杰米·司各特笑着说，"全部都是钱，派对在交易所里举办，这完全是一场金钱的盛会狂欢。"

这才是酒池肉林的最好呈现，着装都是多余的。

07.
温泉约会指南

　　单身闺蜜邀我在情人节前陪她喝酒，但明令禁止带任何男人出席，任何雄性都不行，哪怕是我家的狗。她说："此时此刻，我受不了任何秀恩爱的气氛。"

　　她下了班匆匆赶到约定地点——大衣上的褶子似乎自冬天以来就从没熨平过，黑色羊绒衫上沾满了猫毛，头发是早在两个月前就该修剪了，发根部分赫然露出一截突兀的黑色。

　　她一边喋喋不休地跟我抱怨公司那些赶不完的报告，搞不定的人际关系，海外升迁，一边以极快的速度给自己倒酒续杯，也不管我是否在听。果不其然，不出一个小时，只好默默买单送她回家。

在出租车上，突然想起了那部大学时候她最爱的电影《BJ单身日记》。那个笨笨傻傻的女主角：她年纪不小了，一身赘肉，愚蠢天真，工作中几乎一无所长，身边全是糟糕的狐朋狗友。她渴望爱情，却每次亲手把它搞砸，靠酒精、香烟和一本糟糕的日记度日。她笑的时候眼角有淡淡的皱纹，说话不过大脑，甚至没有一点32岁女人应有的得体矜持。

但是，不是每个单身的BJ都能碰到两大帅哥为自己打得头破血流的，也不是每个单身的BJ在雪天里穿豹纹三角内裤狂奔就真的能换来王子深情一吻。关于单身过情人节这件事，我的建议是，不要做惹人讨厌的怨妇，也不要做那个毫无准备的傻子。怎么有心机地"脱光"，是需要有一点技巧的。

与其一个人傻等，不如主动出击：约你心仪的那位去泡温泉吧。如果他能答应赴约，那你起码可以肯定，他是有想跟你进一步发展的可能的，否则左猜右猜也是浪费时间。

但，为什么是温泉？理由太多了：

首先，在妆容方面，我简直想不到还有比温泉更加"心机婊"

的场合。恰恰是最简单的"素颜"，效果往往最好。

据台湾的调查报道显示，70%的男性希望女友和自己在一起的时候素颜，90%的男性看不出女性有没有化妆。前一个数字无可厚非，好笑的是后面那个结论，简直是对人类化妆史的一个讽刺。

所以，别担心卸掉假睫毛就没有辨识度，束起干净的马尾，尽量露出你脖子后面优雅的曲线，凸显脸部柔美的线条。也别担心不刷腮红就没有好气色，薄薄一层底妆（肤质好的请省略这一步）加蒸腾的雾气已经是天然的修颜磨皮了，因为"温度"升高而娇羞的双颊才是最致命的好气色。可以涂一点点淡粉色的唇膏，或者上下牙咬咬嘴唇也行，效果是一样的。少说话，多微笑，等他来吻你就可以了。

其次，在着装方面，你更不需要花太多心思贵价置衣。素白的浴袍让你看起来毫无戒备温柔可爱，脱下浴袍的一瞬间又似乎有无限可能。在这里多说一句，关于泳衣的选择，不管你是70A还是80D，最好不要选择太过夸张的比基尼海滩款式。先不说温泉里的矿物质和高温会让颜色鲜艳的泳衣褪色，就是那些个水浪按摩项目就很危险。在海里走光还可以默默潜水整理一下，在温泉池中，在十几个人近距离注目下，你连捂脸都来不及呢。如果是私汤温泉，尴尬指数乘以100。

另外，在仪态方面，没有什么比在泡温泉的过程中更能展现你温柔性感的一面了。这种似露非露、要脱未脱的场合，非常适合亚洲男性的口味。单是摘掉浴巾跨进温泉池的那一瞬间就讲究颇多，不能太奔放，也不能太扭捏，尺度拿捏很重要。

　　最合适的是周身包裹浴巾（不是像超人一样披在肩膀上），单手放在胸前起到固定浴巾的作用，另外一只手扶住池沿，平衡身体重心。当双脚都进入泉水中之后，再轻轻解掉浴巾，将身体缓缓浸入水中，露出满足的微笑。这样做的好处当然不是让你表演美人沐浴什么的，而是担心你猛地进去适应不了温度，或者脚底打滑，摔个人仰马翻啊。

　　以上这些如果你都平顺安稳地做到了，那恭喜你，应该已经离成功不远了。剩下的，就是选择开一间房还是两间房的问题了。

　　恋爱就是那种感觉，前一秒肉体精神的缠绕，后一秒变成冷视的陌生人。如何把握，还是要靠你的悟性了。遥祝好运。

08.
音乐节之A货美女

　　又到了每年一度音乐节扎堆的时候——这时候气温刚好，不冷不热，该开的花也都开了，姑娘们可以肆意妄为地露出大腿，空气中除了飞扬的柳絮，就只剩下躁动的荷尔蒙了。没错，音乐节就是荷尔蒙大量聚集的场所，当然，还有各种美女。

　　同样是波西米亚长裙，波普印花，牛仔热裤，透视上衣……有的人穿着是赏心悦目，有的人则是心悸不能多看第二眼。就我个人认为，美女可以简单分为两种：天生丽质型和后天努力挣扎型。也许第一秒你很难看出二者之中的差别，但庆幸的是，类似音乐节这种全民狂欢的大趴恰恰是鉴别美女的最好时机。

试着想象这样的画面：迎面走过来一个精致美艳的妹子，经过一番内外兼修的勾搭，妹子终于同意和你一起玩耍。你们在柔软翠绿的草地上席地而坐，想要远远地听一首小清新，亲密无间地接触，你这才看清妹子脚上因为长年穿着高跟鞋而堆积的厚厚死皮。想要动情地搂住妹子的香肩，又不小心从领口窥到那发黄变形的文胸肩带。好吧，这些是小事都能忍了。终于压轴乐队出场了，这是你和妹子期待已久的最爱，必须挤到前排POGO起来啊。演出真棒，无可挑剔，但是POGO结束后再回头看妹子出汗脱妆的脸，那眼角晕开的劣质眼线成了压倒骆驼的最后一根稻草。你知道此时此刻，你已经不能再忍了，留下一个随便乱编的手机号就赶快落荒而逃吧。

隔天哥们儿问起音乐节上是否有艳遇，你恨不得一锤砸在对方头上——哪有什么艳遇，都是A货美女罢了。

就是这样，后天努力的美女，如果对自己经营不当，迟早会原形毕露，就算是一路坚持下来也会十分辛苦，精神上和身体上都是。哪比得上天生的，因为美得没有成本，连那点"不自知"都被说成了"个性好"。总之就是起点决定人生，你奋力跑了很久，才发现人家在遥远的前方晒太阳玩小狼狗呢。

这方面最好的例子就是张柏芝，早年间刚出道的时候，惊艳了多少人。据说十几年前星爷面试她，问是否可以假装抽支烟装装样子演一下，柏芝二话不说从自己兜里掏出烟，点火的侧脸迷倒了现场一片工作人员。她从来都不认为自己是"清纯玉女"那个路线的，也懒得装成高端大气的样子。读书少，家庭环境差，都丝毫不能阻挡她在美的道路上奋勇前进，反而还因为率真的个性获得了不少舆论支持。

当年在剧组哭着要求谢霆锋和她在一起的时候，那种半夜敲门不顾一切的勇气，不是不撞南墙心不死，也丝毫不是丢人不要脸，而是有钱难买老娘乐意。那种就是要爱你的劲头，是老早就在心里吃定了对方，才敢不要退路，把爱人逼上绝境——我都这么美了我还不端着，任谁不心动啊？

倒是"艳照门"之后离婚的这几年，频频能看到有人评价说张柏芝过得很可怜。可怜吗？她曾经那么美，现在随便拎出来也比那些假锥子脸好一百倍。她想睡的男人都睡遍了，自己挣的钱也不少，豪宅名车什么都不缺，还有两个那么讨人喜欢的儿子。说她可怜的人，先照照镜子好吗？

对比那些不靠PS就无法正常发布公关照的明星们，到底谁是A货谁才是正牌，很快就显而易见了。

翻回头再说，虽然音乐节上失望的时候比较多，但是批量剔除A货之后，真美女还是会像钻石一样闪闪发光的。她们不会矫情地每隔半小时就擦一次防晒霜，也不会在你畅饮冰啤酒的时候想要点一杯卡布奇诺，她们喜欢率性地大笑但绝不滥情随便，她们也许不是穿衣最夺人眼球的那个，但一定是让你觉得最舒服的那个。

当然了，发现美女是一回事，能不能成功上垒还是要看你的本事了。

09.
永远的Plan A

其实我是一个很不喜欢出席社交场合的人，当然，害羞是一方面，另外一个重要原因是我本人可能在出厂设置的时候内存方面有点bug：记不住别人的长相和名字，有时候名字记对了，但搭配的脸却记错了。这不是什么尊重不尊重的问题，先别急着道德批判，"脸盲症"也确实是人类未解之谜啊，何况在这个圈子里真的有太多王老师、赵小姐、凯文、黛安娜，等等。所以，如果实在是迫不得已去参加活动，对方主动和我打招呼、而我又想不起来对方是谁的话，我通常只有一个开场白，也就是所谓的plan A："天呐，你最近又瘦了啊！"

相信不只是在时尚圈，普天下没有人不喜欢被夸瘦吧？但是这个"最近又瘦了"的说法略有一点小心机，"最近"可以把你忘记她是谁这种事蒙混过去，而这个"又"字的功能是用来开启下一轮话题的。一般来说对方会有2个回答方向，一种人会回答：是啊，你不知道我最近有多累，然后babababa开始描述她最近的生活或者工作状态，你只要耐心倾听就好了，在这段时间里她给你的信息量一般足够你回想起来她是什么人。也有一种人会回答：你这么说我真的太开心了，我跟你说我最近在健身啊！那个有氧课程babababa……这种时候你也只需要倾听就好，同样，也是时间缓冲积攒信息量的过程。

我承认这个开场白确实有点贱，但在不失礼貌的前提下，还是非常好用的。人生总会有这种时刻，当你不知道该怎么办的时候，不用思考直接执行plan A就好了。

在穿衣方面，虽然我热爱乱搭，但也还是会有那种不知道穿什么的场合，这时候的plan A就是：穿黑色。黑色算是所有颜色里包容性最大的一种了，不挑肤色，不挑年纪。正式场合可以很正式，约会场合又可以很神秘性感。总之就是，不会出错。

但是，怎么把黑色穿得精彩，这时候就需要花一点心思了。

通常人们为了避免黑色的沉闷感，总喜欢搭配各种亮色的首饰或丝巾等。我倒是认为，如果你已经认定今天黑色是主角的话，就别乱配戏了，太多亮色碎片反而容易弄巧成拙。何不大大方方地只戴一只品质较为出众的腕表就好？想要奢华一点，最多再加单粒钻石耳环。这样从整体造型来看，有层次有亮点，就足够了。

人们对黑色还有一个误区是：很难有变化。拜托，不要犯懒了好吗？黑色是最容易在质感上有变化的颜色了。想要性感，选黑色蕾丝啊。想要帅气干练，选黑色毛呢啊。想要温柔妩媚，黑色羊绒或雪纺都是不错的。还有，想要野性也没问题，黑色皮裙和皮鞭最适合你了。类似最好的例子就是Rick Owens，整个品牌几乎都是以黑色为主，但是细节上妙趣无穷，也是麦当娜私下穿着的最爱。这个牌子的女装十分平淡无趣，男装穿起来又太过妖孽，直男分分钟变GAY。但其实如果换作是年轻纤瘦的女孩穿他家的男装，比如经典的长T恤或者百慕大短裤，就会显得特别率真俏皮，搭高跟鞋或球鞋都别有一番风味。

很多人喜欢黑色是因为显瘦，这倒是无可厚非。在显瘦的同时，我最喜欢黑色是因为它有一种近乎病态的洁癖特质：沾一点点灰或一根线头都会特别明显。这对你的个人生活习惯是有很高要求的，几乎高到了神经质的阶段。那种黑色女王范儿的高跟鞋，远远看着都闪耀着黑曜石般的光芒，如果鞋面上有一个污点，哪怕是芝麻大小的白色污点，那这双鞋的价格就可以瞬间少一个零，连吵架都气场不足了呢。

我认识一个女孩，每次见面她都是一身黑色打扮，酷酷的。认识了好久之后才知道，她自己独居且养了3只大猫。你完全可以想象得出来她的居住环境有多干净，以及她在出门前怎么把身上的猫毛粘干净甚至估计连袜子都不放过，这种近乎自我折磨地执着于黑色，不用问，肯定处女座无疑了。不是选择了plan A，是永远只有plan A。

10.
洗手间里的秘密

　　我曾经有很长一段时间都迷恋洗手间的镜柜，对，就是镜柜。欧洲文艺闷片里经常会出现的那种，在一面雪白瓷砖的墙壁上，一个厚20cm左右的木质吊柜嵌在洗手池正上方，吊柜的门是一面镜子。镜子上易留下指纹，所以要时刻用软布擦拭。镜子也容易蒙上浴室蒸腾的雾水，雾水散去，镜子里消瘦孤独的女主角就会显现出来。当然，好一点的品牌会有防雾处理，但大多数情况在有雾水的镜子上写字也是情调的一种。打开镜柜，一般都会有2~3个木质隔板（浅原木色），隔板上陈列着少许护肤品、剃须刀、药瓶，等等，干燥清洁的味道仿佛立刻扑面而来。

　　总之这是很常见的东西，哪里都买得到，价格也完全不用担心。不需要有什么象征主义或后现代现象学（这个词是我瞎掰的），就是我个人对洗手间的要求而已——我要镜柜。但是，为了保证镜柜与我的绝对从属关系，我才需要整间房子里有两个洗手间。客用的那个可以用来放洗衣机，以及简单的清洁用品，只有靠近主卧的那个，才是真正神圣不可侵犯的私密领地。

这一切或许有点难懂？那么好吧，让我们抛开镜柜，来聊聊洗手间的私密性。

首先，如果你想要表现你的生活品质和你的购物品味，其实在很多其他渠道都可以很好地展现。

比如你可以买奢侈品，甚至买设计师限量签名款，证明你生活在潮流的顶端。又或者，你也可以花大价钱装修你的厨房和客厅，让每一个角落都闪闪发光，每一瓶调料都说得出原产地，每一个配件用品都有不俗的设计理念。

但是在洗手间，当一切都关起门来没人参观的时候，你最想要什么，你最在乎什么就一目了然了。很多人每天衣鬓生香，但还用着连快捷酒店提供的浴巾都不如的浴巾，泛黄发硬的质感，完全没有什么品位可言。每一瓶护肤品的排列方式，每一寸厕纸的柔软度，梳子上是否残留缠绕的发丝，这些都是最真实的你，造不了假。

再来，洗手间是你每天花最多时间，认真面对自己的地方，只有在这个空间里，你才会跟自己处于完全放松的状态。毫不夸张地说，我大部分专栏的内容都是早晨坐在马桶上如厕的时候想出来的。所以通常放在马桶水箱上的那本书才是最接近我目前思考状态的东西，而旁边的烟灰缸则体现了思考的时间长度。

同时，既然是最放松的状态，你就一定会干尽所有不能见人的事情。素颜，挖鼻孔，放屁，剃腋毛，排泄，自慰，在虚拟网络与陌生人聊热辣的情话……这些事情，会像DNA一样在你的洗手间留下蛛丝马迹，当有陌生人入侵的时候你就会感觉不安。

所以，与其探讨洗手间为什么具有私密性，不如索性就坦白承认我们压根就不希望别人来窥探这种私密。即使网络再发达，即使社交再广，我还是需要一个能够让自己完全掏空的地方。这个地方必须受到保护，乔治·克鲁尼来参观都不行。

白天穿着Celine、Versace，回家后全套沐浴用品都是hello kitty，这你管得着吗？全部家务都靠钟点阿姨，但是会定期用小苏打加柠檬酸精心调配比例适当的天然清洁剂擦干净洗手间的每一丝缝隙，我乐意行吗？在酒吧里热情地和姑娘搭讪，但是回家后却在洗手间里换上女士内衣，有什么问题吗？

重点是，我压根儿就不会给你知道这一切的机会。

私密性对我而言，也许就是打开镜柜后面那一瓶小小的盐酸氟西汀。当我们独自一人的时候，当我们只能拥有自己的时候，大多数人都是不快乐的。有的人可以承认这一点，有的人永远无法坦然接受所以才夜夜买醉狂欢。

　　但是，谁规定非要快乐不可？

11.
天生丽质的人都比你努力

在购物网站闲逛，看到某洗脸刷的广告——×××洗脸刷，洗去你的青涩。先不说青涩这个东西是否真的可以被"167Hz的声波洁肤震动专利"洗去，但就洗脸刷这个东西，其本身就具有里程碑式的意义。洗脸不再是低泡洗面奶或氨基酸洗面奶之间的差别，而是你是否愿意为了洗脸这件每天都重复2次以上的"小事儿"，专门花不菲的价钱去买一个仪器，此物承诺清洁度比手洗高11倍以上。这是消费观的根本转变。

洗脸刷刚面市的时候，我也是抱着"拜托，不要搞这种没有意义的东西来赚钱"的心态，直到一位女神级的闺蜜诚心向我推荐，我才买来试试，效果真的惊为天人。这位闺蜜的皮肤一直以来都是吹弹可破的凝脂状态，我实在想不出她有什么理由会需要用到洗脸刷？她答："不能因为自己底子好就随意挥霍，反而得加倍珍惜，更加努力。"

这句"自己底子好"虽然让人听着心塞，但确是实话。天资不够的凡人变丑变老，都是稀松平常的事，远不及美女在公众的视线内崩溃来得触目惊心。这方面的例子，看常年抑郁暴瘦的蓝洁瑛和阶段性发福的周慧敏就知道了，狗仔就指着这种新闻发头版头条了。

记得查小欣有一篇旧文讲钟楚红、林青霞和叶倩文，三个不同类型的美女，都是当年的红星，却又有着不同的唏嘘轨迹：

当年的钟楚红拍周刊封面，她化了妆，在镜头前绽出性感的笑容，任何一个摄影师都会魂为之夺，呆了呆，才按快门，可见红姑魅力无法抵挡。后来嫁给广告界才子朱家鼎，幸福婚姻只维持了16年丈夫就患直肠癌去世。钟楚红平复情绪后，开始出来做品牌代言，依然眼波流转，风格独特。她是"不逼自己骨瘦如柴"却美艳惊人的典型代表。

51岁的叶倩文告别歌坛7年，在红馆开复出演唱会。为了演唱会顺利进行，她一丝不苟地学习跳舞，修身减肥。因为林子祥习惯早睡，所以叶倩文都会提前跟家人吃晚饭，之后再去打羽毛球练气。当年的复出演唱会，51岁的她身形劲爆，连场劲歌热舞也面不改色，气也不喘，没唱漏歌词，没走音，尽显天后功力和功架，叫靠卖包装、卖人气的新晋艺人汗颜。

三个人里面年纪最大的林青霞，也是星途最顺、情路最坎坷的一个。结婚后一直低调，等到女儿长大了才渐渐在公众面前露面，出席慈善活动，写自传，由影后转成专栏作家。淡雅从容的气质一直没有改变，皮肤状态完胜很多青春少女，并且因为岁月的痕迹更多了一些特别的韵味。

这几乎是可以体现20世纪港片历史的三个人物。当然，当中也曾经多次传出某某情绪低落憔悴，身材走形，某某婚变，老公包养内地嫩模等新闻。但值得庆幸的是，至少她们目前每一次出现在公众面前，仍然是璀璨夺目的。

这就是那个年代的好处，美女可以有不同的类型，且禁得起时间的考验。（不像现在，到处都是甜腻的锥子脸，一开口就让所有人知道她没怎么读过书。）因为自知是美女，所以一刻都不舍得对自己放松，她们在健身和维持体重上花的时间，往往令凡人无法想象。也因为是美女，更不忍心乱穿衣服，她们坚持自己的风格，修炼好的品味，美起来都不留痕迹。她们比你美，比你努力，你还有什么懒惰的资格？

在35岁之前，你吃了什么，用了什么保养品，平时有没有做运动也许没办法一眼就能看出来。但是到了35岁之后，瞬间就能立判高下了。

当别人都在清淡饮食的时候，你每天挚爱麻辣香锅，午夜12点还不忘吃一顿加餐夜宵。当别人都在关注有机护肤的时候，你要么每天涂厚厚的彩妆，要么就是连一瓶护肤水都懒得涂。当别人都在跑步健身做瑜伽的时候，你每天都坐着玩电脑或者躺着刷手机……

这样懒得关注自己的身体，身体就会在日后溃败得变本加厉。等到年老色衰，想要买昂贵保养品、请私人教练健身的时候，已经晚了，只能径直走向整形医院。

近几年盛产"女汉子"，数量简直要多过前几十年的总和。而每一个自称"女汉子"的人，"无奈"只占很少的比例，竟然是"自豪"的居多。她们几乎都不喜欢脱毛，也不在乎刘海儿油腻，可以一周都穿同一条裤子，甚至搭配风格迥异风马牛不相及的上衣。定期洗牙，随身携带湿纸巾和消毒液更是完全不可能发生在她们身上的事。她们号称不介意别人的眼光，却又常常抱怨嫁不出去，矛盾吗？

"细节之处有魔鬼"说的就是这个意思——你并不能预测在生命的哪个瞬间遇到真爱，也不能确定哪个瞬间可以让他动心，所以请关注细节，才会有更多机会。不能站在"天生丽质"的起跑线上并不是你的错，但是一直自怨自艾的话，还请阁下保重。

12.
秋裤的尴尬

天气逐渐转冷，周末和几个朋友聚在一起喝酒取暖，顺便聊聊最近的情感八卦，聊着聊着就聊到了"约会碰到什么情况最尴尬"。

A提议："来大姨妈的时候被心仪的帅哥搭讪最尴尬。"我们一致否定，被搭讪又不一定会成功，即使搭讪成功了也不一定当天就能打到"全垒"，只是聊聊又何妨？B再提议："在陌生的聚会上被性取向不对的人搭讪最尴尬。"这个倒是更近一层，因为是陌生人，总不好一上来就表明自己的性别喜好。而且如果是工作场合不方便出柜的话，那种硬着头皮"被调情"的感觉一定非常糟糕。轮到我，想了想说："我觉得约会的时候，如果已经走到ML这一步，在干柴烈火瞬间即燃的时刻，如果发现对方穿着秋裤会让我觉得非常尴尬。"大家顿时笑作一团，C继续问，"那如果是南极人保暖内衣呢？"

"转头就走，撞墙身亡！"

开什么玩笑，我选择date对象的品位还不至于复古到这个地步。

不知道从什么时候开始，秋裤已经成了时尚人士的大敌。由女魔头苏芒引发的口水战，年年都能掀起新一轮的高潮。如果职位和工作状况如苏小姐，一年四季都裸腿穿高跟鞋、短裙根本不是什么问题，明星也很少有穿秋裤的困扰。毕竟是车接车送，需要在寒风中等公交车的机会实在堪比中六合彩。但问题是，对于凡人，且是想要追求时尚度的凡人，不穿秋裤是否真的有益自身健康？答案肯定是NO，但是为什么我们还要自我折磨？

也许这就是流行动物的天性使然吧。

倒也不至于太过担心，商家往往比我们还要聪明。

几乎所有中高端车型，都额外附加座椅加热功能，为的就是满足一部人不穿秋裤的愿景。前提非常简单，你得有钱。

如果不是开车上下班也没关系，女生们会纷纷选择那种内里加短绒的牛仔裤。貌似是从韩国流行起来的？从外观上看还是一条普通的牛仔裤，但是内衬会加天鹅绒或者貂绒的处理，贴身又保暖，穿长大衣的话，一条也就可以过冬了。但切记请选择质量好一些的，否则脱下长裤发现裤子内衬掉毛，想象下没穿秋裤却穿了"毛裤"的纤纤玉腿，再性感的场景再帅的男伴都救不了你了。

　　另外，这几年一些spa品牌也陆续推出发热内衣，包含发热吊带背心，发热高腰内裤（塑身、暖胃），发热丝袜，当然啦，还有发热秋裤。商品包装袋上往往印着热力循环的图示，好像穿了它就能去南极一样。但是这种发热材质通常是随着水洗次数增多而功能逐渐降低的，什么？不是永久？当然不是，商家怎么可能告诉你这个。

　　其他的保暖措施，还有随身暖手宝啦，暖身贴啦，甚至雪地靴也可以归为此类——为不穿秋裤而衍生出来的配件。平心而论，女生还可以穿着加绒牛仔裤，男生在这方面的选择几乎没有。所以经常会看见穿着雪地靴硬要时尚的男生，体谅他们也真是辛苦。但是先生，你自己本身也该知道踩个熊掌出门是非常难看吧？

　　记得几年前，我曾经出差到香港，为了在飞机上轻松自在，所以穿了破洞牛仔裤和白T恤，T恤上印有"BITCH"的大logo。坐在我旁边的一对父女，亚裔，说话夹杂着熟练的英文。女孩看起来也就七八岁的样子，盯着我的T恤和父亲窃窃私语。父亲摸着她的头安慰道："那只是一种style，每个人有每个人的选择自由。"我当时心下就想：好的教养和价值观输出是多么的重要。

冬天，站在气温接近零度的北京东三环辅路上，打不到车的痛苦又让我想到了曾经在飞机上的那一幕。我从没有像那时刻一样，如此希望穿秋裤可以变成一种style，甚至可以广泛地流行起来。如果大家都能如此，甚至像几十年前露出Calvin Klein内裤边一样骄傲地露出秋裤边，那人生会不会更加nice一点？

但是短期来看，掀起秋裤潮流是不可能的。所以，要么不要穿秋裤跟我约会；要么，你跟我也是过命的交情了。

　　很久以前看的一集《康熙来了》，主题貌似是糟糕的两性关系。女明星们纷纷列举自己曾经的情人：借钱不还的，劈腿的，当众打人的，各种精彩无下限。节目到一半的时候，蔡康永提出了一个假设："如果你突然回家，发现家门口多了一双异性的鞋子，你选择怎么办？（当时预设的场景是对方出轨，不是什么隔壁王婶儿突然上门借点酱油）"在场的女明星均表示要推开门进去，捉奸捉一双才够大快人心。蔡康永难以置信地说："难道只有我一个人会选择默默离去？"

　　这确实是蔡康永的选择，他是心中有剑的人，做人得体最重要。在这种关键时刻，对于一般人来说当然是瞬间撕破脸更痛快彻底，且容易做到。但当门打开的那一瞬间，也就注定了在三个人之中已经没有赢家了，干脆一起不要脸，干脆一起万丈深渊。最难的是怎么在短时间内平息自己的怒气，保持尊严，以及也给对方一点怜悯。在这个时候是否用力过猛，才能看出一个人的水准。

　　而看一个女人穿衣搭配的功力，最简单的是看她是否可以将平底鞋在正确的场合驾驭得很好，因为平底鞋是最不需要太用力的东西，那种游刃有余，退一步的自信才是最妙的。就好像一个漂亮的姑娘，因为对自己的漂亮不自知，反而更让人神魂颠倒。但谁能真正不知道自己的美丽？只是懒得和你们凡人认真罢了。

　　轮番看今年的四大时装周，凡是在秀场前排穿12cm以上高跟鞋的，基本全是中国二三线女星。她们大多数人其实并不知道自己穿了什么，也不太确定怎么穿才是真的好看。在官方公关照公布之前，在打美白针、埋胶原蛋白线、吸脂节食、试穿各个品牌送到门口的衣服，讨论怎么才能把同场女明星的光芒踩在脚下这种种折磨之后，她们在此时此刻，多数只是想杀了那个造型师而已。

　　而真正chic又专注于看秀的各大杂志编辑、时尚博主，多数都是穿着平底鞋来的，对于她们来说，看秀只是工作的一部分，而不是把自己当作花瓶来展示的机会。她们只穿自己认为真正有品味的衣服，且尊重本场的设计师和品牌，小心地避免一些禁忌（比如不穿竞品的牌子，或者太过随意散漫）。所以，时装周其实根本不是媒体呈现在大众眼中的样子——外国媒体包围一堆儿中国"仙女儿"，从此谁和谁又被冠上女神的封号。她们只是在秀场用力过度搏版面的somebody，甚至可能都念不出品牌的正确英文发音。

正因为平底鞋是如此尺度奇妙的东西，所以在选择上我总是计较多多，追求极致。

比如，鞋口的深浅。露出的脚面越多，就越显得腿长，如果能露出一点点指缝，那才更加性感。但这对你脚部的皮肤和清洁程度要求很高，且不能脚背肉太多，否则溢出来的肉在视觉效果上就让人很难接受了。

再比如，鞋头的形状。本人作为一枚170cm的大只女，太圆、太可爱的鞋头就比较不适合我，会显得过于蠢笨。尖头更妩媚一些，方头也很好，但属于直男无法欣赏的范围。既然是平底鞋，肯定不如高跟鞋来得炫目，所以在鞋头的装饰部分花心思最多。蝴蝶结是万年经典，RV在这几年也带起了方扣潮流（太潮流了，甚至到了烂大街的程度）。鞋头有猫狗图案这种，有趣倒也有趣，总是有孤芳自赏的嫌疑。

还有，不同的材质，细节上的差别也真心很大。缎面倒是缎面了，闪到什么程度？多一分俗气，少一丝暗淡。我本人最倾心小羊皮内里，麂皮翻绒鞋面，露一点指缝或者一侧镂空。倒也不一定贵价就好，只是不喜欢大颗闪钻和漆皮。也曾经在泰国买过纯白色亚麻鞋面的平底鞋，走起来十分少女，价格也只有29元人民币。穿脏了就直接丢掉，连扔的动作都充满了仪式感，少女吗，就是任性。

常常看到有女生问自己个子太高怎么办。怎么办？偷笑就好了啊。别人奋力穿12cm高跟鞋才能勉强达到你的高度，你只需要一双平底鞋就能将她彻底打败了。不是很赞吗？

14.
闺蜜何用

闺蜜电话我说："你知道现在的综艺节目有多贱吗？"

"嗯？"

"一个男嘉宾在节目里说，现在的姑娘都喜欢做指甲做头发什么的，其实完全没有意义。不信你今天回家把手背身后，问你老公你指甲是什么颜色的，能正确回答的概率跟中彩票差不多了。"

"所以呢？"

"我就试了一下，果然他没答对。然后我俩大吵了一架。"

说实话，这种架吵得没有什么技术含量，男嘉宾的观点本身就挺贱的——不知道指甲颜色并不代表什么，反而该庆幸对方应该是直男没错，在这个基友横行的时代已经非常难能可贵了。另外，我们也真心不需要你们知道和认可啊，费那个劲干吗呢？男友的品位其实更可怕吧？自己认可自己就已经足够了。

不，不对，倒也不是仅仅自己认可那么简单。

记得几年前看一部电影，里面有这样一个桥段，女主和男主彼此棋逢对手，暧昧纠结了很久一直没有在一起，前半部分都是在讲他们之间的各种纠结、较劲，仿佛非要在情商这件事上拼个你死我活不可。后来终于有一天，俩人在加班的时候一时间难以自持，竟然在休息室搞了起来。第二天一大早上班，所有人都很正常地和女主打招呼，只有女主的闺蜜看了她一眼，淡淡地说："You had sex yesterday, right?"

那个电影具体是什么，结尾怎样，如今都记不太清楚了，倒是闺蜜间的这一句直接的问话到现在都让我记忆犹新。那种一击命中的"你懂我"，比偶尔为之的sex更难得。

另外一部经典美剧《老友记》，里面就更多地记录了这种闺蜜之间的"衣性情谊"。重要约会或节日的时候彼此互选衣服，首饰和包包也是公用的。有一集，莫妮卡买到了一双昂贵但非常美丽的长靴，但老公完全看不出她今天有什么不一样，倒是瑞秋一进门就惊呼："这也太好看了吧？"你看，只有她懂，于是这份开心就有人分享了，这双长靴也就有了存在的意义，刷信用卡分期都显得没那么艰难了。另外有一集，是3个女孩一起穿着婚纱坐在沙发上喝啤酒的镜头，为什么是婚纱？完全就是形式主义的单身女性的内心独白，这种穿着婚纱一起喝啤酒的落寞凄凉，男人怎么会懂？又怎么需要你们懂？

如今，早就不是女为悦己者容的年代了。为你打扮，那是尊重、是礼貌，甚至是希望达到某种目的——看透了直男的内心，再踩着他的鼓点儿上场，这完全不是谦卑而是技高一筹。于是，问题来了，那女为谁容？

大多数女权主义者或假装女权的人会举着大旗呐喊：我们只是为了自己爽，自己好才是真的好。但是我觉得，如果真的是这么"忠于自我"，是不是更容易走上审美偏差的路线呢？你谁都不在乎，谁都无所谓，你独自风中潇洒的时候，自以为是一个能做PPT能换水龙头不拘小节的女汉子，但实际上呢？你只是丑得比较明显而已，不快乐的程度也就比较明显了。你真的只需要自我认可？还是担心自己都不能认可自己，所以就干脆孤独终老算了？

几年前英国*ATTITUDE*杂志，有个Bjork的采访，记者问到她当年出席奥斯卡时候穿的Marjan Pejosky天鹅裙算不算创造了历史时刻，她回家后有没有因为自己的精彩着装偷笑？

　　Bjork回答："那是个现场没有人get到的笑话，他们都以为我穿那条裙子是为了营造奥斯卡的华丽气氛，但是我看起来有尝试过融入他们吗？……事实上那天我在天鹅裙下藏了6个巨型发泡胶天鹅蛋，走红毯的时候，我故意每走几步就抖一个蛋下来。结果，一群戴着耳机的保安人员拾到了我的蛋，还拿来还给我，多好笑！"

　　没错，Bjork完全不需要融入任何奥斯卡气氛，我也完全有理由大胆揣测，Bjork当天并没有为自己的精彩着装偷笑，而是选择在走完红毯之后，去和闺蜜吐槽。没人能get到她今晚着装精髓这没什么，比独自领奖更嗨的是闺蜜之间的"你懂我懂。"这种时刻如果不跟闺蜜吐槽，那闺蜜何用？分享的快感是加倍的，私密性又升级了这种快感，所以绝对不仅仅是自我认可那么简单。

　　于是，再回到本文开头，在闺蜜吐槽完她和男友的吵架内容之后，我只是简单回答她一句就可以让她瞬间泪奔："你今天的指甲是酒红色，无珠光。"这就足够了。

15.
关于婚纱的怪圈

我身边的女友，不论平时穿得多么干练潇洒，也不论在事业上多么风生水起，对于婚纱通通逃不出2个怪圈：一定要蕾丝大裙摆的公主款式，一定要带着巨型婚纱拍户外婚纱照。

当然了，你是新娘，选什么都是理所应当。但如果你问我的意见，我会给你讲一部电影里的桥段：《独领风骚》，是由简·奥斯汀的小说改编的青春校园片。片中的女主角穿了一件衣不蔽体的小洋装准备下楼约会，她爸爸说那件衣服看起来像是内衣，女主角说"不，不，它是一件小洋装"，她爸问这是谁说的，女主角自信地回答说："Calvin Klein"。

人们对于婚纱的想象基本都是源于杂志或者浪漫电影，仿佛婚纱就该是梦幻公主款，谁说的？设计师说的。可是否每个人都适合这种风格？那倒未必。

　　我看过很多婚礼现场的"惨案"，新娘身高不足一米六，穿上高跟鞋之后还是被巨形婚纱压得够呛，远远走过来就像一堆移动的雪白面料。又或者是因为婚纱没有肩带（公主款，你懂的），副乳显露无遗，整个上围在视觉上胖了5斤不说，整场典礼还得时不时偷偷扯下胸口，时刻担心走光。自己尴尬，在场的叔叔伯伯也被迫血压飙升。

　　其实婚纱的款式最主要是简洁和经典，你也不希望20年之后拿出来再看，心底暗自惊呼：天呐，这么俗气浮夸这是我吗？也有很多姑娘想在这一天表示自己的品味与众不同，选择高腰直身的款式或者迷你短裙。我提醒你，高腰的款式会引起三姑六婆关于月份的猜测，而迷你裙，拜托，伴娘都穿得比你讲究。

　　搭配婚纱，个人认为最好的配饰是珍珠和钻石，质感好又不太会抢婚纱的戏份儿。光怪陆离的水钻皇冠还是能免就免了吧，又不是港姐选美。就算是cosplay扮公主，难道不该给新郎也发一根皇权杖吗？高雅简单的发型搭配头纱已经很足够了，你是新娘，是你本人，不是圣诞树，也不是橱窗里的首饰展示架。

好的品位不在于你选择了什么，而更多的是看你放弃了什么。

再说婚纱照，想要在自己最美的时候留下美好的纪念这无可厚非，光是简单的美还不够，还得是那种唯美浪漫的，恨不能在天地交际的永恒光辉里回眸一笑。

多数人喜欢户外婚纱照的原因，除了足够唯美浪漫，还有一个关键是户外婚纱照比较不容易暴露缺点。景够好，拍个背影都能美出泪来。小逆光，大光圈，不用PS就能修正肤质和五官缺憾。

可户外婚纱照其实要比实际看上去麻烦多了：要确认拍摄场地（通常是在郊外，甚至国外某不知名的海滩），然后要带上你的婚纱、配饰、高跟鞋、妥帖熨烫的礼服，这么收拾下来基本已经够装一个超大号行李箱了，烈日炎炎下厚妆，任摄影师摆布很多奇怪的造型，婚纱又重行动也不方便，换衣服需要窝进狭小的车内或者景区洗手间，忍受蚊虫叮咬和游人指指点点……这样一天下来，老公自然怨言多多，一言不合大吵起来也是常事。等到你看到被草地污泥弄脏的婚纱下摆，最终委屈得掉下眼泪——拍个照片而已，何必呢？

最后等了1个多月，成片终于做好了，厚厚一本重达3公斤以上。内心充满喜悦地打开，想要和其他人炫耀，旁边不识趣的七大姑八大姨插嘴道："哦，原来只是这样，和前一阵隔壁小丽拍的差不多吗。"你顿时连反驳的力气都没有。

结婚的目的是和眼前这个人度过一生（或者是赚回之前送出去的礼金），拍一本谁都不认识你的相册真有必要？何况单为了老公着想也没必要那么麻烦，除了花样美男，没有男人愿意被当成道具在烈日下摆布好几个小时。那种大本婚纱相册在日后被翻看的概率有多少？在我看来也是迷思。

婚纱和婚纱照这东西，就好像情侣装一样——虽然有时候傻透了，但恋爱中的人多数是盲目的，如果非要用什么形式感的东西来表达这种盲目，那就干脆盲到底就好了，只要你自己开心。千万不要问身边的人意见，尤其是不要问我这种人的意见，我会因为强忍着不泼冷水而忍出眼泪的。

16.
购物、收藏夹和抑郁症

　　据说，购物可以治疗抑郁症。谁说的？抱歉，是我说的。是否有科学依据不敢说，但是可以让人心情开朗是真的，且完全不仅仅是刷卡的那一瞬间爽。从挑选，试穿，购买，回家后再次试穿，想象着哪件和哪件可以搭配在一起玩出不同的花样，然后拆下吊牌挂进衣柜宣布这一切都是本大王的了……这一系列步骤，真可以算是绝妙的体验，有节奏、有高潮，还有美妙回甘。

　　所以，从时下各种电商和线下品牌店变着法儿打折促销的手段来看，他们也真的都是特别懂女人的——女人可以无间断多次高潮，但男人就不行了。如果以消费能力作为评判标准，这个世界还是得由雌性统治，甩对手好几条街啊。

　　作为一个网购习惯近10年的人，我对于朋友的定义就是，能否和我分享购物收藏夹。理由简单粗暴如下：

　　首先，作为朋友，我们得有共同的品味和消费观、价值观。花5万块钱买一只设计师品牌限定版手袋的人和花5万块钱买泰国开光佛牌的人是不能共存的。根本没有共存的理由吗，无须彼此说服宗教信仰崇高还是品牌有魅力，你开心就好，只是离我远一点罢了。

　　其次，我们可以坦诚分享。在摩羯座的衣橱里只存在贵价好穿和廉价随便穿两种，中间货色一概不要。这没什么，谁让我们天生就是如此实用主义的族群。但你买一件皱皱巴巴的原单跟我说是欧洲代购，这类事在我看来是很可笑的。

　　最后，也是比较私心的一点，分享收藏夹可以避免在聚会场合撞衫。既然是朋友，那平时活动的圈子也应该相差无几。如果对方在看过你的收藏夹仍然跟你买了同一件衣服，还不经意（也可能是故意）穿得比你好看，相信我，在这种情况下，多数你身边的男人也比较危险了。

　　几个月前的时候，我的收藏夹里一直躺着一条某牌的印花连衣裙，剪裁没得说，面料印花也是万年经典，当时我的尺码还有2件。闺蜜看过后表示，再不下手更待何时？我却一直犹豫，因为那会儿才刚刚入夏，姑娘们才开始露出欲拒还迎的大腿，一切时髦的小趣味都还显得小心翼翼。毕竟价格真心不便宜，那就等等看吧，也许会碰见更好的呢？我安慰自己。

隔了一段时间后，我剪了短发，天气也逐渐热起来。想起那条让人抓心挠肝的连衣裙，打开收藏夹，对不起，已售罄。那种抑郁的心情，简直堪比失恋。

合适的衣服与合适的男人都是可遇不可求的。不要安慰自己"永远都有更好看的衣服，永远都有更合适的男人"，这就是千万次"错过"的终结原因。

我们常常会觉得一段感情让人痛心疾首，刻骨铭心，甚至每每说起都会声泪俱下，并不是因为这感情多么特殊迷人，而是你在后悔。你潜意识里想要以让自己痛苦自责的方式来弥补当时的过错。但是对不起，已经晚了。如果你仍旧持续地自责悔恨下去，必将错过更多更好的男人，那只能是活该抑郁了。

当然，换作购物买衣服的层面会更直接一点，有钱买是一方面，穿得好看又是另外一回事了。想要体验那种美妙的多重高潮，还得您自身条件OK才行啊。否则只能逛不能买，这不是精神折磨是什么？长此下去，别说精神抑郁，恐怕大姨妈都要紊乱了。

17.
从来不简单，白衬衫

　　我是个不折不扣的衬衫控，各种花色、各种质地、款式，口味十分开放。最爱棉麻，洗的次数越多，越贴近肌肤的质感，那种纱线的走向和纹理容易让人日久生情，百看不厌。从实用性来说，衬衫对于我基本属于四季可穿。尤其是初夏的季节，随便配条牛仔裤就能出门。当然，T恤也能做到这些。但总觉得只是胸前印花的变化，领口大小的不同，多少有点无聊。

　　这当中，白衬衫是最让我恨到咬牙切齿的单品。要知道，白色是最挑剔质感的颜色。同样一个款式，面料不同，就是女神和后厨员工的差别。而在北京这种脏天儿，想要好好地对待一件白衬衫，简直该拿出对待奢侈品手袋的态度：洗的次数多了，会发黄，不及时清洗，黄得更快。洗完需要细心熨烫，能套上防尘罩垂挂收藏更佳。一个墨水点，一小滴红酒，都是毁灭性的灾难且不可修复。什么，拿到洗衣店去？别逗了，不是什么面料都适合被粗暴统一对待的。

以上所说的白衬衫，真的仅仅限于白色的衬衫，白底小波点的，白色配蕾丝袖子的，甚至白色卡通图案字母印花的，通通不在讨论范畴之内。原因就是，低调奢华的经典单品，就该发挥到极致，任何擦边球都是不伦不类的不要脸行为。

《英国人的言行潜规则》中这么描述上层妇女的着装，"穿得相对低调，相对简单，没有过度的搭配，也没有让人看得出的多余装饰，她的头发看上去随意，没有发型，但绝不会油腻"。而底层人士着装，"戴太多的首饰，化太浓的妆，梳太复杂的发型，穿着过度讲究的衣服，穿闪光的连裤袜以及紧得让人不舒服的非常高的高跟鞋，这些都是下等阶级的标志"。这本书写于2004年，却在十年后的今天仍然适用，不是证明时尚轮流转，而是证明阶级从未消失，审美的段位也一样。

那么，穿好一件白衬衫到底有哪些雷区？

1. 如果你的年龄已经超过28岁，略透的白衬衫内搭黑色bra这种事已经不适合你了，性感是要分场合和年纪的。好好选一件无痕肤色内衣，得体比什么都重要。

2. 如果是在工作中搭配裙子或裤子，请最好选择那种衬衫连内裤的款式。否则在弯腰或者久坐之后，腰部一定会出现不服帖的褶皱。怎么办？隔一小时就跑一趟洗手间整理衬衣下摆吗？总不能当众把手伸进裙子里吧。

3. 如果你不是身无半点赘肉，五官立体如《低俗小说》里的乌玛·瑟曼，请不要选择那种太挺括硬朗的面料。尤其是上围丰满的人，分分钟可以变成盔甲壮汉或者保险推销超人。柔软的质地，多松开几粒扣子，卷起的袖口或者偏长的衣身，都能起到修饰身材的作用。

4. 关于配饰，似乎有段时间很流行简洁的服装配夸张首饰这种定论。但是我要提醒你，白衬衫这种东西，如果搭配夸张的层叠项链，你确定你的脖子足够修长？个人认为最合适的应该是单粒钻石或珍珠耳钉，中性款式的腕表。当然，如果你气场足够强大，别说搭配什么首饰，不穿裤子都是美的。

前一阵看Brand Finance的CEO在《第一财经周刊》上的一段采访，说的正是那位万人迷贝克汉姆。"过去的足球运动员和球迷，都把粗鲁、喝酒、游手好闲当作光荣的表现，粗糙、不关心穿着才被认为是男子气概。但贝克汉姆不一样。他举止温和礼貌，敏感并且善于展示他的情绪。他在乎自己的外形、仪表与饮食，热衷于时尚并且不害怕承认这一点。他标新立异，总能走在潮流的前沿。"

其实贝克汉姆成为时尚标杆也不过是近十年的事情，早在刚认识维多利亚的时候，他也曾经是一个浑身汗味只知道穿运动套装的大男孩。经过了漫长的蜕变，个人的长久经营，当然还离不开老婆的精心栽培，才有了现在这个让人赞叹的贝克汉姆。可见，虽然是颜值高到这种程度的人，也还是会在穿衣这件事上小心翼翼——即使是只穿T恤牛仔裤出街，他也是细节处无死角全满分的那个。而白衬衫恰恰就是这种穿衣态度的终极符号。

总的来说，买一件窄身短裙容易，买到一件合适的白衬衣却是难上加难。如果有幸能遇到，同款拿下三件都不为过。

18.
不能没有的牛仔裤

前一阵收拾书柜，很多高中时候的旧书被翻了出来。棉棉的《糖》《生命狼藉》，亨利·米勒的《北回归线》，还有萨冈、加缪、安妮宝贝、村上春树全套各版本……甚至整整5年一期不落的《萌芽》（好吧，暴露年龄了）。那些在书中被铅笔或黑色水笔标注的段落，那些曾经在暗夜里让人心碎的句子，现在只能随时间流逝兜头抽你一巴掌：装什么丫挺？

没错，我不否认，曾几何时我也是个文艺女青年。那时候真好，读书完全不挑口味，任何流畅的文字都能嚼出一点滋味。不像现在，每年能入眼的小说寥寥无几。那时候的男孩子也好，回忆起来仿佛总是在夏天，球鞋白衬衫。那时候的我们，服装品味都来源于对书中女主角的幻想——棉布长裙，成套的黑色蕾丝内衣，卡其裤，叮当作响的手镯，涂鸦做旧的匡威，破洞牛仔裤。这么多年下来，该戒断的都戒断了，唯有牛仔裤仍然是四季心头好。

试想一下，如果一份工作常年都要求穿着正装套裙不能穿牛仔裤，那不论这是一份什么样的工作，对我都是万万不能忍受的。所幸鄙人还从木遇到过。

因为不漂亮，小时候被人夸最多的是"腿长"，站在一群高中生中间常常恨自己不是那种娇小玲珑的款式。那时候买衣服的渠道真是少得可怜，更不要提什么网购，很少能买到长度合适又够瘦的牛仔裤。后来渐渐发现了日韩系牌子的好处，剪裁贴身，对亚洲女性的平屁股也照顾有加，最主要的是再也不用担心裤子不够长度。除去每周必须穿校服的时间，高性价比的牛仔裤简直是少女最爱。

上大学以后，欧美街拍逐渐流行起来。加上本身是学服装设计，所以对好莱坞一系列的牛仔品牌钟爱有加。J. Brand应该算是出街频率最高的，款式简洁修身，除了经典蓝之外，饱和度高的彩色款也是当年的时髦必备。前几天看凯特王妃的一张街拍照片，穿的正是那款著名的藏蓝色Skinny Jeans，于是再次感叹这个牌子的经久不衰。那几年同时还有EVISU式的VINTAGE JEANS也是大热，而我基本是从那个时间才开始接触原浆牛仔的一些养护文化，从单纯的款式颜色追求，进阶到面料部分。

这几年才逐渐发现意大利牛仔裤的好，颜色和款式倒是谈不上有多惊艳，甚至有种多少年怎么还是这个样子的怨念。但是上身的那一刻你就知道，你必须买下它，甚至是以等不及打包、直接剪去吊牌穿上就走的那种速度买下它。意大利人深知：以恶劣的布料和粗糙的手工去降低牛仔裤的成本，这样的做法完全不吻合顾客的所需所求，顾客真正需要的是更耐穿耐看的服装，并且要有独特的风情。比如从20世纪70年代末就已经风靡整个欧洲的Fiorucci（亦舒小说中女主角牛仔裤专属品牌），比如能很好修饰腿型的Pinko（人人穿上都是直腿瘦骨仙女），还比如面料出众姿态洒脱的D&G（当然，不是那些骚包刺绣珠片的款式），即使满大街都能买得到的REPLAY上身效果都比CK好太多。

最近几年的趋势，裤腿不够长已不再是困扰，甚至必须露出一截脚踝才配得上狠狠称赞，真是长腿福音。平价一些的快消品牌，类似ZARA和TOPSHOP也常常在新款上惊喜不断。再加上网购、海淘的便利性，国外设计师品牌大量进入中国——这些因素使得买到一条合适又貌美的牛仔裤越来越容易。

但是不论穿何种款式，性感也好，街头破洞也好，请务必携带一颗潇洒从容的心，以及一个诱人的翘臀。

19.
包袋，你和时尚的关系

被朋友突然问到："那个双肩包那么丑，为什么那么热门？"就近期的风向来说，"那个双肩包"一定是MCM无疑。听说此款背包是因为某位人气很旺的男星背它出镜多次，所以才在亚洲地区被广泛知道的。为了凸显新晋"贵族"身份，还强硬地给自己打上原产德国的标签（只是品牌注册产地而已，和后期设计、原料及制作无任何关系）。

这个公关推广路径，已经能够很好地解释它热门的原因：目前市面上男性专属的品牌包包真的是少之又少，要么是LV那种很正式、很昂贵的，要么就是非常户外运动的，两者之间几乎没有其他类型可以过渡，好让一般男性在穿着比较时尚的时候可以搭配。此品牌一出，所有人都惊呼，原来还有装嫩耍酷这个路数啊，而且成本也并不是很高，于是顺其自然为雄性及偏雄性群体打开了时尚世界的大门。

先不说它的设计值不值得这个价钱，单说双肩包这件事，不是谁背了都可以很chic的。如果你认为热门的东西一定适合自己，那确实表明你该好好照照镜子了。

我个人深深觉得，包袋作为一种着装配件，最适合体现你和时尚之间的关系了。还请不要太过随意。

举例来说，我一直以来最喜欢tote bag（大开口，无拉链，可手提或者挂腕的购物袋款式）类型，因为足够大，甚至塞进去一只充气枕都毫不费力，工作中的文件和杂志、影集也完全容纳得进去。它的设计明确了它的态度：you can carry everything in it.

但问题是，在工作和日常生活中，我并不仅仅满足于"大"这个主题，除了装一些必要的文件和杂志之外，我还会带钥匙、钱包、手机、ipad、笔记本、卡片夹、化妆品、纸巾（干湿两种）、免洗消毒液等杂七杂八的东西。

这就涉及我在对tote bag选择上的第一个标准：功能性。

既然是一只tote bag，就一定无法像其他类型的包一样拥有多个口袋或拉链暗格。功能性，其实更多的是指它的深度和材质。深度太深，想要在包里面找到钥匙这类的小东西就如同海底捞针，票据账单也容易乱七八糟。而解决这类问题很简单，那就是在包里再放几个分类迷你包，比如化妆包、文具袋、零钱包（硬币和纸币分开）、票据夹，女孩生理期需要的私密小包，等等。

当这些迷你包的数量越来越多的时候，你会发现，tote bag的材质在这里就显得尤为重要了。如果太软，就没有支撑性，会从外观上显得臃肿，轮廓不够干净，好像超市赠送的购物袋。而太硬的材质，又会有盔甲感，刻板且没有乐趣。另外，一般太硬的材质本身重量就很可观，还没装东西就已经有几斤重了，对于这样的包怎么有勇气背在身上？

对tote bag选择上的另外一个标准是：设计感。

作为一个身高170cm的人，大多数时候很难驾驭精致的小包，况且那种只塞得进去一只口红的包袋也是我无法想象的人生。但不是小包的话，就没有精致可言了吗？似乎并不是这样的。

同样一行字母logo，用不同的字体字号印在包上，完全是两种感觉；如果稍做字母的排列，换一种分行方式，又是另外的画面感。这其中，要尝试排列组合多少次，才能达到那个最终可以打版制作的标准？

我曾买过一只细纹棉布的tote bag，非常平淡的浅蓝色，通身没有一个字母和贴标，几乎让人提不起兴趣。但是店主介绍说，如果把从这只包的中间部分对折再卷起，将外侧的面料翻转过来，就可以完成一次完美的收纳，收纳之后的体积不足原来的五分之一，品牌logo则恰恰在面料正中央展示出来。这种看似低调但实际骄傲无比的设计特别让人着迷，对折、卷曲、再翻转，就像跟设计师过招一样，且只是属于少数人的秘密。你懂我，就够了。

很多人第一次出国，最重要的事情就是买Hermes的包包或者PRADA的眼镜。这是很一般的现象，大家认为这是一个最低的门槛，只要拥有一个或两个时尚热门单品，我们的生活似乎就可以在自我认知上拔高一个等级。但是Hermes的包包是最好的吗？在普适价值观的时尚门槛面前，怎么选择你要的那个不是最难的，最难的是抛弃那些你不要的。

曾经看过一篇Joyce Ma（知名精品店Joyce创始人）的采访，她说，虽然她处于这个时代或者这个圈子，但她的衣柜其实只需要很少的东西，比如Yohji Yamamoto的裤子，足矣。

设计感就是类似这种东西，独特的，一击击中你的心脏，从此再不想爱别人。

之所以说包袋最适合体现你和时尚的关系，归根结底是因为功能性和设计感自古以来就从未很好地平衡过。比如某品牌曾推出过那种光是包袋口的锁头就有1斤重的包包，简直是为铁臂女侠所设计的。推出后竟然十分畅销，除了忍不住被它的美貌所迷倒，大部分人的心理是，哪怕给助理拎着，我也得拥有它啊。你看，这才是真爱了。

20.
关于搭乘飞机必备的种种

关于这个问题，我问过很多人，多数回答无非是吃吃睡睡，最多差别不过是吃什么、怎么睡。另外还有一类人，是用飞机起飞后半小时至飞机落地前半小时的这段时间打开电脑疯狂工作的，如我这种至尊大摩羯星座。即使没有什么工作非得这个时候赶着完成，也十分喜欢在飞机上写稿。原因倒是有点可耻——无法上网的时候码字效率奇高。

年底的时候翻看全年的飞行里程，竟然恍惚以为自己是什么时候去过南极，且是多次往返？明明大多数都是国内短途航班啊。可见频率之高。为了保证在起飞后的这段时间不被打扰，以国内航班

3小时为例，说说我乘飞机的时候都带些什么东西，才能让自己又舒服又有效率地进入工作状态。

旁若无人敷面膜那种事，就不在讨论范围之内了吧。毕竟还没有美到无论在公共场合做什么都不招人嫌弃的地步。

1. 降噪耳机

不管是头等舱还是商务舱、经济舱，不管是全价机票还是里程兑换，我总能在邻座或者身后遇到大哭不止的"熊孩子"，人品就是这么好。这种时候如果不方便给对方白眼（话说给一个哭闹中的婴儿白眼这未免也显得太刻薄了），那你就需要一款专门的降噪耳机，有效隔绝背景噪音，包括飞机发动机的轰鸣、隔壁"成功人士"大谈十几亿的生意经，等等。BOSE就有专利的降噪技术，新款耳机还配套耳机包，解决了耳机线缠绕的问题，收纳狂的福音。

2. 大号披肩

不知道为什么，一年四季飞机上的温度几乎从来没对过。夏天，想要穿短裤出门又不想在飞机上冻出关节病的话，大号披肩一定是首选。随便围一围就十分有型，折叠起来又很节省空间。冬天的话，你也可以选择在飞机上一直穿着外套，但是秋冬外套比较厚重，在狭小的空间里实在行动不便，而且大衣类也容易起皱。这时候脱下大衣，披肩还是保暖造型首选。

3. 眼罩

通常来说，我很少在飞机上睡觉，除了打开电脑工作就是看书。但你很难保证自己不碰到那种一定要和你硬聊的同伴，或者是极其热情的陌生邻座，从星座、天气一直可以一路聊到中老年保健。所以我一般都会随身戴着眼罩，感觉情况不对的时候就立刻戴上，快速止损。为什么不是仅仅闭上眼就睡了？因为不够坚决啊。拒绝聊天就要拒绝得彻底，一定要用眼罩这种极具形式感的东西来告诉对方：老子就是不想聊了。

4. 唇颊两用唇膏

如果赶早班飞机，别说化妆，我甚至连隐形眼镜都懒得戴。于是，3个小时处于密闭干燥的空间，再加上由于睡眠不足变得更加严重的黑眼圈，通常下飞机之后都会显得特别憔悴。如果不想让自己看起来那么"放弃人生"，最简单的办法是随身备一只唇颊两用的唇膏。如今很多品牌都出了类似的产品，相比贝玲妃，我还是更爱YSL。因为，呵呵，包装好看啊。随便涂个嘴唇，再加一点点腮红，整个儿人的气色会立刻提升一个等级。

5. 随身水杯

如果你也和我一样，不想用飞机上那种好似医院用来验尿的杯子喝水，随身水杯是一定要的。轻便、环保（抱歉一个消费狂人还谈环保）、外形好看，最重要的是一杯可以够全程飞行的喝水量，这样不用多次喊空姐添水，也避免了水杯洒翻在电脑上的危险（相信我，此事发生的概率比你想象的要大很多）。随身的目的，本来就是可以随时喝到想喝的东西，至于那种动辄就号称可以保持水温滚烫24小时的杯子，设计的理念到底是什么我也不是很懂。

据"蝴蝶效应"所说：亚马孙雨林一只蝴蝶翅膀偶尔振动，也许两周后就会引起美国得克萨斯州的一场龙卷风。时常幻想，类似飞机这种"巨型智能蝴蝶"，它的每一次起飞，一定也会牵动着目的地那头很多人、很多颗心脏。

期待能有王子在龙卷风的中心等我，如果没有，出机场的时候能顺利打到出租车也是好的。

21.
哪有那么多非减不可的赘肉

　　跟所有慕名而来的吃客一样，这家傣家菜也是朋友强烈推荐给我的。隐藏在旧鼓楼大街很小的一间店面：语焉不详的招牌，浓墨重彩的木门，推开木门后灯光昏暗像是误入了咖啡店，真真是后现代鼓楼的作（读第一声）派。因为提前做过功课，知道菜量大，花样多，如果一个人吃很可能浪费，所以约了闺蜜一起。

　　按照朋友推荐的招牌菜逐一下单，甩粑粑、宣威火腿炒薄荷、牛肉饵丝、炸虾饼、包浆豆腐，最后还是因为点得太多不得不舍弃铜锅米线。问老板娘："油焖鸡能做小份吗？"答："不能。""能在锅里加一份丝瓜吗？"答："不能。""能和油焖牛蛙做双拼吗？"答："还是不能。"没错，除了食物好吃以外，该店还以老板娘古怪的脾气著名。

先端上桌的是一个破旧的尺寸几乎占掉半张桌子的红铜火锅，似乎是使用年代太久远，锅子竟然还向一侧倾斜着。

橙黄的闷汁上漫不经心地撒着翠绿的葱花和白芝麻，用筷子探下去，是隐藏在深处的鸡肉块和更小的土豆丁、魔芋结。滑嫩的鸡肉裹着辛辣咸香的汁，一口下去直呼"过瘾"。那种辣是云南特有的绵辣，初尝像个温顺乖巧的姑娘，直到进入五脏六腑才知道姑娘有着爆裂的脾气，却从此欲罢不能。而糯软的土豆更是精妙，入口即化，齿颊留香。连我这个本来不爱土豆的人，也赶忙招呼老板："麻烦加两碗米饭！"一定要用汤匙，一定要用汤汁拌饭这种土豪的吃法才算对得起这一锅深情。

吃到一半，额头上已经渗出细密的汗珠。窗外捂紧围巾匆匆在寒风中走过的路人，并不能明白此时我的幸福。

而陪我同去的闺蜜整顿饭都在喋喋不休说她的男友，他是她的初恋，而他显然阅女无数。她心理不平衡——男友什么都好，细心体贴，事业有成，有房有车，但是总感觉两人是为了结婚而相处的。她虽然热情如火，但是男友待她的亲密度还不如同事。每次她想要刷存在感找碴吵架，男友都会笑眯眯地说："你这么胖我还不嫌弃你，不是已经证明我的诚意了吗？"

　　闺蜜问我的看法，我这才恋恋不舍地从饭碗上抬起头："放着一桌子好吃的东西你不吃，非得就着人渣才能下饭吗？"她一脸委屈："都胖成这样了，腰上的赘肉再不减减就得等着被分手了，哪还有脸吃？"

　　要我说，哪来那么多非减不可的赘肉？

　　肉感有肉感的好处，很多瘦子无法穿出惊艳感的连衣裙，胖子都可以穿得顾盼生辉。因为曲线有了，内在有料，整个儿人就丰富起来，即使多一点赘肉也似乎没有太大关系了。

　　而且身边的胖子，总有一个误区，认为深色就一定显瘦，丝毫不考虑版型、面料、质感等其他因素。一年四季都穿得灰头土脸，自己还没什么，别人倒先为你那身赘肉觉得可怜。倒是多穿鲜艳的颜色好一些，新鲜、活泼，容易给人留下爽朗的印象。

　　年度最美"胖子"，比如《破产姐妹花》里的Max（Kat Dennings饰），私下里经常是一身红裙，要么就是赤裸裸露着肩膀，只着一件小吊带搭配短到"几乎不合法"的牛仔裤就能出门。腿是挺粗的，胸也大得让人紧张，但是这种穿衣的态度真是好，看着就让人开心。这姑娘是完全知道自己美在哪儿，所以才有这份自信。倒是同剧的Beth Behrs，虽然也美，但是远不如她精彩，对比之下甚至显得有点无聊。

国内最好的例子应该是巩俐。翻看她刚出道时的照片，只是觉得这个人太"厚"以至于显得土。但是现在再看，无论是宽屏荧幕之上，还是戛纳的红毯表现，都不得不佩服她每一寸"赘肉"都长得有理有据。气场和穿衣品位完全不输很多欧美一线明星，情商高，有悟性也很重要。

至于我的闺蜜，你抱怨了这么多，甚至为了他一句"玩笑"就委屈自己的肚子放弃眼前的美食，难道你不知道真相吗？

请原谅我再次简单粗暴了——关了灯扑上床的时候，他有没有因为你所谓的赘肉犹豫过一秒？在这种干柴烈火的节骨眼儿上，他也是拿黄金比例、体脂含量做理由拒绝你吗？当然没有。

床上是一回事，下了床再嫌弃你，没别的原因，只是不够爱罢了。

22.
张爱玲的购物清单

Helmut Newton是我最喜欢的摄影师之一，尤其是20世纪90年代的那些作品，超现实、荒诞、德国式的压抑情感、冷冽的性感，在这里冷冽很重要，它不是与色情打擦边球走下流路线，而是有态度的性感。

派拉蒙高层Robert Evans曾说过："我邀请50名女明星来派对玩，嘉宾若是Steven Spielberg，现场未必会50人全到。但若嘉宾是Helmut Newton，50人一定到齐！不但因为Newton更加有趣更吸引人，而且是她们个个都希望成为Newton镜头里的女郎。"

据说，某一年巴黎铁路罢工，Helmut Newton滞留在车站咖啡室里，一名女粉丝上前说："我愿意做任何事，让你替我拍照。"Newton看着她冷静地说："脱掉所有的衣服坐到桌子上去。"她真的没有犹豫，当下就照做了，整个咖啡室的人哗然。不瞒你说，如果当时换作是我的话，一定也会做同样的事情。开什么玩笑，Helmut Newton啊？人生还能有几次这样的机会？

我一直觉得，虽然现在网络世界如此发达，虽然我们接触到的品牌、并且已经可以买得起的品牌多到无法想象，虽然全球各地的奢侈品旗舰店里都充斥着国人的身影，甚至多家大牌会专门配备中文导购，但是我们并没有处在一个最好的时代。

现在的姑娘，美是美的，但总觉得在气质和态度方面差点什么。她们可以清楚地说出一款新包的价格，却不明白它贵在哪里，以及品牌价值究竟几何。她们所谓的搭配，也不过是照着本季lookbook买齐一套罢了，反正不会出错，谁奢望出彩呢？至于相貌外形，我一直觉得我脸盲症越来越严重是因为现在的科技越来越发达：都照着同一类型整，谁不是谁的亲妈？倒是不那么美的反而好一些，反正知道自己不是天生美人胚子，时髦起来也更加没有框框架架，有时候竟然能有惊喜出现。

总之，虽然处于信息爆炸的时代，却没有分辨的能力，品味和审美都是统一化、标准化的。好可惜，错过了太多有趣的东西。美是美的，只是美得很一般。

　　像Helmut Newton的女粉丝一样，在信息爆炸的今天，我却愿意做任何事换一张张爱玲小姐的购物清单。为什么是张爱玲，原因有2个：

　　1．她算是离我们比较近的没落贵族，虽然没落得都没影儿了，但家族显赫的背景还是不能让人忽略，从小受的生活方式教育在那摆着呢。

　　2．她是性格十分压抑的人（看一些对张爱玲研究的资料很容易得出这点），因为性格压抑，所以得在其他地方找出口，对她而言，文字和色彩皆是。

　　记得胡适（没错，她臭名昭著的男友之一）第一次去张爱玲家见她，本来是抱着闲得无聊去无名小作者家撩骚的心态看一看，结果一进门就被张爱玲家的奢华镇住了。当时的张爱玲已经从父亲处搬了出来，和姑姑一起租住在公寓里，其实根本算不上奢侈，只是她受的教育一贯如此，洋派的观念，中派殷实家底的好品位。而胡适不过是一个刚加入汪精卫麾下，还未称得上左膀右臂干将的阶段，从小地方出来，一直和穷酸文人打交道，真真是没见过什么世面。从此以后，胡适不但在经济上多次坦然接受了张爱玲的救济，还把她奉为仙女，在各公开场合宣扬他们之间的感情。为什么？仙女的品味那么好，跟仙女恋爱，往自己脸上贴金的事，为什么不？

　　另外，如果你熟悉张爱玲，就可以知道在其小说中多着重对服饰，尤其是颜色的描写，普通人不过是粉色、蓝色而已，到了她那就是淡朱砂、埃及蓝、土耳其黄。一方面说明她的文字感觉确实异于常人，一方面也确实体现出了她在时尚方面的敏锐度。只有切实感觉到了颜色带来的冲击，才能写得出如此精彩的描述。从小看她的书，就很沉迷于她对服装款式、颜色上形容词的叠加，仿佛能跟着那些个词儿看到女主角本身一样。而张爱玲自己的衣服，也几乎全部是自己做的，普通面料和裁缝一是入不了她的眼，二是她确实没钱。那种前卫的穿衣风格，跟她内敛的性格尤其冲突。有趣的是她自己并不是不自知——她知道虽然胡适不喜欢她穿得如此触目，但她深以为自己是美的。最最普通的一件，当时是她后期很落寞准备离开香港的时候，实在没什么可穿，就披了一件古董被面做的斗篷，鸽子银灰色的底上绣着艳紫色的凤凰。现在想想这配色都无比时髦，何况在当时竟然是一条古董被面。于她是最朴素的穿着，在旁人看来都能骇掉下巴。

你若认真问我，现在这个时代究竟是哪里不对劲，我说不出来。你若再问我，问什么想要张爱玲的购物清单，我也仅仅是渴望而已，只是渴望能从中找到答案——一种在物质极度贫乏的情况下，审美却丝毫不凑合、不盲从的状态。

但是话说回来了，就算张小姐如今还活在这个世界上，就算我真的通过各种渠道去敲她的大门，你以为她真的会开吗？她大概只会隔着门摇摇头，留下一个苍凉的手势罢了。

23.
和孤独只隔了一个便利店的距离

　　加班到深夜，最最容易肚子饿，但是通常这个时间可以约定外卖的餐馆都已经不再营业，没关系，还有24小时便利店。这才是它存在的意义。

　　木质匣子里分格盛着满满的、热气腾腾的关东煮，店员会细心地把温度维持在恰到好处刚可以入口的程度。还有各种即时米饭、热干面、饭团，口味繁杂。也没有人来帮你加热，需要自己放进微波炉。甚至还来不及欣赏微波炉里映出自己憔悴的影子，"叮"的一声，香味先溢出来。微波炉旁通常是酒架，基本都是小巧的包装，一看就是刚好可以一个人喝完的量，不会太醉，也不至于清醒。冷柜里还有分切的新鲜水果、卤鸡爪等小菜，需要冷食的啤酒、酸奶、果汁也是放在这里；蜜柚姜茶则在另外一个迷你的保温柜中，下书一排小字：暖饮烫手。

与一般餐厅和简食店不同，这个时间独自吃饭团的人从来不会显得突兀，也不会被服务员吐槽说一个人吃，点太多菜浪费。他们只会在结账时提醒你：加3元可以换购热咖啡，要试试吗？没错，在便利店里，孤独才是常态。

2014年的夏天，曾有一段时间失眠，经常凌晨2点在小区附近的公路上夜跑。跑过遍地狼藉的烧烤摊，跑过还亮着灯但没有人的加油站，跑过已经关门的宠物美容店，跑过美甲店，跑过菜场超市……一圈下来正好10公里。耗时1个多小时，足够听完一张专辑再循环一遍。这时候小区门口的7—11便利店送货车总像是掐着点儿到达，我就那么站在7—11门口，看他们依次把一篮一篮新鲜酥软的面包搬下车，还有日期最好的牛奶、肉丸意面。汗顺着脖子肆意流下来，先买一瓶宝矿力喝下，再带一只牛角酥面包和一盒牛奶回家，作为睡醒后的早餐。有时候觉得仍然无法入睡，也会买啤酒或特供红酒回家。7—11自己品牌的红酒，通常价格非常便宜，产地优良，除了口感偏大众风味的甜顺之外，几乎没有缺点。足够消耗一晚上的孤枕难眠。

还有一次在上海出差，我自己深夜在酒店附近的罗森便利店（北京的罗森相对较少）闲逛。这时候进来一个姑娘，目测也就是二十五六岁的样子，身材高挑纤瘦。穿一件长至脚踝的驼色羊绒大衣，只在腰部用同色系腰带松松挽了一个结，脚上配一双黑白拼色的NIKE慢跑鞋。她径直走到饮品专柜，只拿了一瓶真露（韩国烧酒，酒精度在20度左右）结账。然后走到休息区（罗森都会配备供客人用餐的简单桌椅，通常会受店铺面积限制只有3~4个座位），把驼色大衣脱下搭在椅背上，露出高腰黑色牛仔裤和黑白格棉布衬衣，就那么扭开烧酒盖子自顾自地喝了起来。

　　说真的，我从来没见过可以把驼色长款大衣穿得如此好看的年轻女孩，也从未见有哪个年轻姑娘可以这么从容地在便利店独自喝烧酒，甚至连杯子都是多余。即便是我，作为一个同性，拍手称赞她一句潇洒都毫不过分。

　　后来回到北京，我一直在寻找那种浴袍款的驼色大衣，试了很多件，都觉得没有她穿得精彩。确实也只有在深夜的便利店才能遇见那种妙人。

　　看得越多，就越来越喜欢便利店在大城市的存在。纸巾可以单包出售，漱口水也是可以装进随身背包的容量，甚至连杜蕾斯都只卖3只装。你跨进这里，短暂停留，它满足你一切需要。你跨出这里，再不回头，也不会有什么难舍的深情。反正转过街角又会遇见下一家。

　　总归是24小时守候，总归是绕不过的孤独。

24.
你想要哪种性感

　　朋友讲过一个关于香水的故事：某天下午，她在国贸附近的某咖啡馆低头看书，正看得入迷，突然身边飘过来一阵淡淡的檀香味道。虽然是木质香调，但却又隐隐透露出一种柔和的性感。她下意识地在心里惊呼：就冲这香水的品味，也必须要约一发啊。有趣的是，当她抬起头时，竟然发现对方也在看着自己。还好她本人综合分值并不低，于是故事的结尾自然喜大普奔——不仅成功地约到了那位男子，还知道了香水的牌子。

　　在这段艳情中扮演至关重要角色的就是Diptyque家的TAM DAO（檀道）。以意大利杉木、银梅花、玫瑰和巴西柏木为前调；檀香木、雪松为中调；后味是让人放松的龙涎香、香草、白麝香，是此品牌最著名的一款香型。

檀香本身的特质就有点古怪：在西方人的观念里似乎只是用来催情，但是在东方似乎又与寺庙的庄严肃穆紧密相连。当然，如果我们不考虑外来的但是已经被本土化的中国佛教，而是看印度本身的印度教和佛教以及中国本土的道教，就可以发现其实这些宗教并不一定排斥欲望，甚至曾经有些印度教派派遣女教徒卖春以筹集钱款修缮庙宇。

所以檀香既可以用来镇静又可以用来催情，代表着对欲望的坦诚。

因为女友十分年轻，又是典型的白羊座，所以对于这种闻到一种好闻的味道就想跟对方上床的想法我表示毫不惊讶。甚至觉得，如果当时换作是我，面对如此性感的诱惑，恐怕也免不了春心荡漾。比起赤裸裸的表白、身体诱惑，香水明显更有态度——我就是要这种性感，你想怎样是你的事情。

跟中国人不同，在西方，性感往往可以被表达得十分简单直接。我不想在这里探讨中西文化差异或者道德准则，我更想说的是，欲拒还应也是一种蒙眬的趣味（毕竟几千年的害羞基因很难改变）。但基本的性感，是应该基于美感之上的，而不能让人困惑，甚至尴尬。

比如占据国内流行史近十年的黑色丝袜，我就很少见谁穿得好看过。每到春秋换季，满眼都是灾难般的"性感"。

丝袜这个东西对腿形要求极高，要纤细笔直，还要比例匀称。同时，丝袜本身也讲究颇多，不能反光，反光意味着质地不够高级。不能太透明，对于亚洲人来说会显得肤色偏脏。当然也不能完全不透明，那样就毫无情趣可言。款式上，可以选择非常复古的到大腿根部的款式，再配黑色蕾丝吊袜带。也可以选择另外一种腿后有袜线的款式，蜿蜒的袜线由下至上延伸至臀部，让人浮想联翩。

对于普通大众来说，以上2种虽然精彩，但可能不太日常。可是，最基本的你要保证买到合适长度的丝袜吧？经常见一米七几的高挑女孩，却穿着明显长度不够的廉价丝袜，本来应该是在大腿根部起固定防滑作用的横向圈线，几乎是掉到了大腿中部，露在短裙或短裤下摆外面，让人觉得匪夷所思——干吗不把裤袜提好再出门？也有身形较小的姑娘，穿着过长的丝袜，在脚踝处堆起一圈褶皱。这种情况即使穿着再高的高跟鞋，都免不了让人对其身高产生一种怜悯情绪——为了呼吸高处的空气，你也是努力得很辛苦。

不过，不管怎样的身高，黑色丝袜配做旧磨白牛仔短裤都让人无法忍受。我几乎只见大陆，尤其是北方女孩对此痴迷。至于为什么痴迷，一直都找不到答案。总体感觉是想要在纤瘦、性感、俏皮、利落之间来回徘徊，让人忍不住想问，你到底在追求什么？

　　而就我本人来说，我想要的性感不过是：在你的床上醒来，只着内裤和你的宽大白衬衣坐在窗前喝一杯咖啡。至于什么"拒绝，是最佳的勾搭"这种鬼扯我从来都不迷信——一直拒绝，就意味着一直不能全垒打。适当调情就够了，如果一直无止境地调下去，人家不能认为你是技术不好而怯场吗？

25.
品位的终极标准

　　我始终不认为买得起贵价商品的人就一定拥有好品位，但是，衡量品位的标准究竟是什么？包包，鞋子，听的音乐，选择的芝士蛋糕的甜度？这些似乎都是可以伪装的，而且越是受教育程度高，越可以做到真假难辨的样子。这些生活的碎片只能说营造出品位的一个边框，上下左右都有浮动范围。那么，我们忽略泛泛标准不谈，就谈核心，说说什么是品位的终极标准。

　　何谓终极？

　　假设有一个明星，你对他的穿衣品位常年赞叹有加，甚至毫不夸张地说，你会因为能买到和他一样的款式喜极而泣。如果他有一次参加活动不慎穿错了鞋子，你会从此就认为此人不值得仰慕吗？

当然不会，你会在潜意识里告诉自己忽视他的错误，甚至你会怀疑自己，是不是你懒惰了没跟上潮流，所以才get不到他本次选鞋的精妙所在？

那么，到底是什么才是压倒骆驼的最后一根稻草，让你看到这件事之后，当下就可以毫不犹豫地给对方盖上"无品"的大戳，从此永不得翻身？

我认为这个终极品位的"大戳"，其实就是你身边的伴侣。这里，伴侣的含义包含：合法的、非法的、长期的、短期的、同性的、异性的，等等。就如陈老师，早年大家对他的音乐和他代言的服装品牌有很深的了解吗？直到"艳照门"一出，所有人都对他刮目相看了，在进行道德批判的同时，还忍不住惊呼：厉害啊，就连×××都能搞定啊？那封不卑不亢的新闻发言稿至今都是公关典范，甚至连他床头上摆的公仔都热卖一时，因为是陈老师所爱，自然是尖货啦。

前一阵，一对熟悉的夫妻朋友爆出了离婚的消息，让我们所有人都吓了一跳。为什么啊？平时看起来那么和谐般配的一对儿妙人——男方是多金帅气的导演，女方是优雅美丽的声乐讲师。让我没想到的是，事后从女方那边得知的离婚原因竟然如此烂俗。如果这事儿拍成都市情感电影（不卖座的那种），情节应该是这样的：

夜深人静，男女主角各自洗漱完毕准备上床睡觉，男毫无戒备（长期婚姻且十分自信的人多数都没有戒备）地说："老婆，帮我手机充下电。"女一脸不情愿地拿着手机走到床头，就在这时，一条信息提示突然跳出来："王导，上次还满意吗？什么时候再出来一起玩？"女主角整个儿人都颤抖了，但是高贵的教育背景还是让她告诉自己要冷静下来。她回头看看已经秒睡的老公，默默拿起手机走到厕所，开始逐条翻阅。一个多小时过去了，她不仅清楚地知道了老公不为人知的性喜好，还知道了对方的价格。这事儿能忍吗？她问自己，必须不能忍。

我问她，不能忍是因为对方的背叛吗？她说不是，从手机信息来看，这事发生过不止一次了，所以不是"偶然背叛"的问题，而花钱买性已经成为了他的习惯。50元？还必须要红色内衣？这对她来说简直是种耻辱，离婚丝毫不带悲伤情绪，完全是出逃的心情。她原话是："多可怕，如果继续被蒙在鼓里，我根本不能想象他竟然有如此差的品位。身边的知情者会怎么看我？"

这话让我想起曾经年少时和男友斗嘴时说过的一句话："你品味好，所以你爱上我了，我品味差，所以我爱上了你。"当时只是无心之说，觉得好玩，谁想一年之后分手，身边的朋友陆续来跟我吐槽："还好你们分手了，怎么看你都不像是那么没品的人。想到你每次出来吃饭都得带着他，险些要跟你绝交。"

我竟然哑口无言，不能把错误全部归咎于"谁没爱过个把人渣"，人渣是人渣没错，谁让你自己品位那么差？连男友都选不好？还好醒悟得早，否则被盖上"差品"大戳，恐怕从此头衔只能是：那个睡了人渣的女人。

最近认识了一个年轻的小朋友，男，25岁不到，皮肤吹弹可破，穿衣品位绝佳，谈吐也十分有趣，大家都愿意和他在一起。后来熟识了，他对我们所有人坦白，他不爱男人亦不爱女人，至今还是处子之身，所以以后不用再费心帮他拉拢情侣关系了，选什么性别种类都是徒劳。嘿，真是好赞的生活态度。从此以后我又对他多了一份好感——因为他巧妙地避开了品位终极标准课题，也就相当于从此以后再无bug了，是不是神秘又有趣？

还望各位选择伴侣需谨慎，与诸君共勉。

26.
如何挑选讨巧的小礼物

前几天在家里做大扫除的时候，才发现家里积攒了那么多别人送的，不好意思丢的，又无法派上用场的"礼物"。通常送这些东西的人，既不是男朋友，也不是闺蜜，而是仅限于认识又不很熟悉的人。莫名其妙地猜测品味，于是就变成了灾难。

比如说，Dior的真我香水，拜托，我看起来像四十几岁吗？再比如，貌似价格不菲的翡翠贵妃镯，要拿什么衣服来衬？Viktor&Rolf 吗？还有，匪夷所思的皮带打孔器，巨型施华洛世奇耳环，日本军旗徽章，等等。

甚至曾经收过一盒五彩斑斓的马卡龙，据说所有原材料均为巴黎空运过来，每天限定100盒。可惜，我压根儿就不吃甜食。白白浪费了人家一片心意。

于是暗自反省，我有没有曾经扮演过这种"让对方有负担的送礼人"？

挑选讨巧又适当的礼物给"陌生人"，看起来简单。实际操作起来却槽点颇多。

1. 如果你非得要送香水

如果你非得要送香水，我建议你不要选择大众热门的品牌，那种人手一瓶的东西并不能为你的送礼意图锦上添花。比如CK ONE，我经常觉得这味道和五星酒店用的空气清新剂一个味儿。

很多男生个人口味比较偏向那种腻死人的花香或者水果香味，但如果你送的人偏巧不用香水或者是个喜欢中性风的女汉子，多半你的礼物会被束之高阁。

我个人比较推荐Hermes的大地和Sisley的Eau D'Ikar。前者基本男女通吃，后者味道清新（有点像洗衣粉加阳光的味道），即使再不喜欢香水的人，拿来喷喷厕所都别有乐趣。另外，可以尝试海。the hut旗下的化妆品网站（fragrancex.com），经常能找到一些高冷的小众香水品牌，香水版本和日期都很赞，国内不能比。

2. 如果你非要送首饰

如果你非要送首饰，我请你千万不要选择蜜蜡、水晶、翡翠、小叶檀这种"高格调"的东西。除非你很笃定他或她是真心喜欢这类材质，否则，次次踩中雷区。

尤其是在比较正式的场合，我很难和戴蜜蜡、佛牌的人聚焦谈话，他们说的每一个字都让人难以相信。谁知道他是和直销还是代理结缘？

如果对贵金属或一线设计师品牌暂不考虑的话，可以选择小众一点的设计师品牌。比如It Girl Nicole Richie自己的House of Harlow 1960。易搭配指数五颗星，趣味格调也尚佳。

3. 如果你非要送数码周边产品

如果你非要送数码周边产品，定制iphone手机壳什么的早就弱爆了好吗。市面上的iphone壳大都是"丑人多作怪"，不是卡通就是闪钻，低调点的都不好意思拿出手。太专业的其他产品，一般都操作复杂，不适合脑容量小的姑娘，如我。另外，实在想不通给好好一个手机套上壳子、贴上膜的意义在哪？产品设计师就是为了赚几个壳子钱，所以任由客户牺牲掉用机体验吗？

不如送一款精致的桌面音响，使用率比较高，适合普通大众。我自己就买过一对Harmankardon SoundSticks送人，音质虽然比

BOSE略逊色，但胜在外形好看，价格便宜。

4. 如果你不想追求贵价，但求心意

如果你不想追求贵价，但求心意，不如送点有意思的小东西。比如花哨时髦的袜子，比如趣味性的内裤或者手套，比如节日限量插画款香槟，比如一本书。这类东西的特点是，不挑人，且不占空间。甚至，即使你不知道对方是男是女，抑或是男又是女，以上选择也不会出错。

送人礼物，如果能有惊喜那当然好，最低限度也一定不要成为对方的负担，除此之外，一般对第一次送礼物的人，奉上手写短信或卡片是最基本的礼仪。切忌随便一个快递过去，脏兮兮的包裹，寄件人姓名模糊，还没拆封就先扣掉一半分数了。

27.
杀了那个造型师

经历了疲惫的一周，和女友约会吐槽就显得尤为重要，像是高耗能生活里的一剂强力鸡血。

我们在饭桌上聊出轨，聊情欲的不稳定性，直到把隔壁桌全程对坐滑手机的单身夫妻"聊走"，才深入地开始探讨：如何判定一个女人是否活儿好？

毋庸置疑，男人本身是否是技术型选手已经有了一定社会共识，尺寸、持久度、硬度、前戏等，甚至是弯曲的角度（对，不是所有人都是笔直的）。但是对于女人来说，怎么才算好？声色味俱全吗？不，判定一个女人是否活儿好的标准，应该是她自身能否享受做爱这个事情。享受，还得享受得成功，只有这样才能毫无顾忌地释放出原始的魅力，从而让对方在心理和身体上达到百分百满足。这种成功的享受是要建立在对自己身体有足够认知的基础上的，说白了，在这方面谁也不是天赋异禀，但是如果你持续停留在"差不多就可以了""其实也不过如此"的阶段，那谁还想在你身上多费劲啊？

这就是为什么女性假高潮这么惹人讨厌的原因——我不是仅仅讨厌你演戏，更多的是讨厌你不能认识自己释放自己，从而让我对自己的能力产生怀疑，就连那份儿讨好的态度都让人恶心。

看历年的颁奖典礼，总能找到那么几个"假高潮"的女明星，比如陈妍希。不知道这个姑娘家里到底有没有镜子，或者是不是她的造型师真的恨她，继李冰冰之后，我终于见到对自己认识得如此偏差的人。每一次出席重要场合，每一次，几乎没有一次她可以顺顺利利穿正确过。不是用清汤寡水的发型搭配过度暴露的低胸装，就是用凌厉的盔甲外套搭配粉嫩少女系妆容。她似乎对矛盾冲突美有着不能自拔的喜爱。比如2014年的金马奖典礼造型，红色斜肩礼服，很古典应该不会出错。高开衩的裙摆也是红毯记者最爱，可以捕捉到整条雪白大腿，还能拉长视觉比例。但是你为什么会搭配一双超过脚踝的罗马绑带高跟鞋？生生把腿的长度截掉了十几厘米，像是酱肉汤里探出的一对肉粽，实在让人摸不着头脑。

但是我也看过她在一般综艺节目里的造型，清淡，笑起来好像有阳光的味道。衣服不过是牛仔裤加T恤，还都是很邻家的款式。她似乎也是模糊地知道自己适合走那种"不美艳且杀伤力极低"的亲民路线，但可惜总不够坚持。一到重要场合就找不到自己，像发了失心疯。以为能有突破，其实并没有，不过是让人想替她杀了那个造型师。

这种做法，让荧幕前的我们对自己产生深深的怀疑：她为什么要这样对待自己？是要讨好观众吗？她以为观众的品味就该如此？那作为观众，我的品味真的如此惊悚吗？What the fuck！就跟谁会真的跟着您假嗨一样。

反观最极端的例子，是在中外娱乐圈摸爬多年的巩俐小姐，虽然知道她的品味一直不错，但是每次的亮相造型还是让人拍手称赞。能在一拨二三线年轻明星中胜出，靠的不是打胶原蛋白针，而是对自己的自信和从容。2014年金马奖，她整个造型像是从金色酒瓶里缓缓流出的香槟，这"香槟"不仅产地高贵，口感丰饶，而且价格不菲。印象中她从来没有暴瘦过，即使是纸片人也斤斤计较的宽屏年代，巩小姐还是坚持自己气势磅礴的肉身和美人尖。她觉得自己就该这个样子，而不是别人以为的样子。

她应该是极端自恋的那种人，先是被自己的美貌所迷倒，然后妖娆着满世界"迷惑"信徒。"信徒"也是开心接受的，没错，同时"高潮"何乐不为，因为是货真价实的视觉享受。

我从来不认为造型师这个职业真的可以指导明星穿衣搭配，什么样的人才会受别人任意摆布？木头人罢了。造型师只能提供你建议，提供你流行趋势，但最了解你身体的只能是你本人。如果对自己没有太多认识，或者对这个世界没有太多要求，我劝你还是多读一点书好了。放眼望去，时尚界的假高潮太多了，对着电视屏幕杀心肆意的心情，还请阁下多多体谅。

28.
叔叔，我们不约

因为想剪短发，所以特意去翻Juliette Binoche年轻时候的片子来看，想重温那种苍白消瘦的面孔搭配短发红唇——她那时候的发型放在现在都时髦无比。虽然她的红唇也完全不如Angelina Jolie有侵略性，却有一种"谁道柔情无刀锋"的冷冽感。谁知道好死不死竟然挑到了《爱情重伤》，天，我是有多久没看这种虐心的片子了？

但是重看旧片，这次Binoche对我的吸引竟然远不及男主角Jeremy Irons。当Jeremy Irons扮演的斯蒂文在几个路人甲的陪同下穿着合体西装，风度翩翩地从楼梯上走下来时，我对自己说，是的，这才是"衣冠禽兽叔叔"本人了。他官居要职，温良儒雅，家庭幸福和睦，一切幸福得比假象还要假象。但是，他的笑容有一丝不易察觉的落寞和禁锢感，连西服上的褶皱都透着无可奈何。

随着剧情的逐渐深入，你才能看见他平静外表下，是翻腾炙热的岩浆。他用冷漠和礼貌将大部分凡人拒之千里，但潜意识里，也许连他自己都不知道，他是如此期待能有什么人来痛快地撕开他的伪装。所以，当男女主角初遇的时候，你不得不承认，世间确实有那种所谓的"致命吸引力"。在周围人眼中看起来再普通不过的人，在彼此对视的第一秒就可以瞬间迸发出足以让宇宙幻灭的光芒。

为了追逐这种光芒，可怜的男主角像一只发了情的困兽一样追逐着女主角安娜，不顾一切地和这个即将成为自己儿媳妇的女人做爱，完全背离了自己几十年辛苦建立的信仰。他听得见世界轰然倒塌的声响，但还是忍不住一次次要她。

在一段几近互相残杀的爱情之后，他家破人亡、身败名裂，在远方的小镇独自清冷过活。他记起若干年后再见安娜，安娜已经变成了一个普通到不能再普通的女人，抱着小孩，身边有丈夫，那些曾经令他欲罢不能的魔力消失得无影无踪。

不得不说，我是重温这部电影之后才开始重新考虑叔叔和少女的问题的。少女喜欢成熟稳重的男人，这无可厚非。叔叔喜欢鲜嫩的肉体，这也没什么不对。但善良地说，叔叔能给的实在太有限了，想想都悲伤。

首先，叔叔由于经济稳定（当然了，如果是穷困潦倒那就是另外一个话题了），他可以在能力范围内给你买任何你想要的东西，带你吃任何你没有吃过的美食。但是你要知道，人成长到一个阶段，见识就进入瓶颈期了。他只能给你买他品味以内的东西，陪你吃他和其他老男人商谈时候吃的餐馆，带你去他曾经去过觉得还不错的地方。他没办法跟你一起去追求新奇的世界，你跑太快，他就得分分钟犯哮喘。你只能用最卑微的姿势跟随他，等着他，然后看同龄人从身边欢笑尖叫着呼啸而过。除非你认定自己的世界就该仅止于此，否则，总是不甘心。

其次，叔叔由于年纪原因，退路有限，也就在很大程度上决定了他和少女之间的能量并不能守恒。比如片中的安娜，即使闹到出了人命，转个身也还可以结婚生子。但斯蒂文就可怜得多，恋情告终之后，苍老的速度让人不忍直视，片尾男主角那身皱皱巴巴的白色衬衫和拖鞋简直让人心疼。他失去的不仅仅是爱人，而是整个儿人生。他没有翻身的机会，甚至都懒得去翻身。大多数男人都能警醒到这一点，所以才对少女小心翼翼嘴不由心，而不仅仅是什么"身体不能力行"。所以姑娘，一旦你不小心碰上一个实在动真心的，说心里话，你不害怕吗？

反观我见过的"叔叔"，如此风度翩翩又深情的还真没几个。不是开着豪车，穿着尺码不对的运动套装，就是胡子拉碴初次见面就要硬聊星座。没错，星座啊，你一把年纪背得不费劲吗？

考虑到能量守恒，为了你好，叔叔，我们不约。

29.
让我们赤裸相见

　　这个故事其实一点都不曲折，任何一栋以CBD为坐标的写字楼里，或多或少都会有这么一段：

　　那是一个媒体活动，到场的人数少说有200，灯光热舞，酒池肉林。我作为双方共同的朋友，为男主角A引见了女主角B。当时是本着大家工作中互相有交集的心态去的，谁知两人见面第一眼就天雷勾动地火，火花足以把站在一旁的我电晕。我心想，得，互相交换名片只是过场了，剩下的事就做个顺水推舟算了。

　　大约一个月后，我和A在一次饭局上再次碰面，我很随意地问了一句："嘿，和那女孩儿后来还见面了吧？发展得怎么样？"谁知A愁眉苦脸地回答我："别提了。"

据A说，他加了女孩儿微信后，俩人各种互动良好。A还以工作为借口，多次找B求助，哪怕是特别微不足道的事，B也尽可能地第一时间回复。A看时机差不多成熟了，就开始约B单独吃饭，B却在这时候开始百般推辞。理由从要开会、要陪家人吃饭，到来大姨妈、周末堵车，真可谓是百花齐放。

A特别不理解地问我："我这人长得也算对得起观众啊。为什么她对我一点兴趣都没有？"

以我对B多年的认识，普通姑娘情商如果有80的话，她足有160，没理由在这种情况下当个"绿茶婊"啊。何况当时他俩第一次见面时候的热乎劲儿我是完全看在眼里的，没兴趣？怎么可能？

我渐渐觉得这件事有点意思了，于是很直接地微信B："最近怎么样？听说A对你十分走心啊。"谁知道B更加直接："我喜欢什么样的男生你最清楚，你觉得我对他不走心吗？"

那问题究竟出在哪呢？

姑娘坦言说，她从第一次见面就十分喜欢A，因为太喜欢了，觉得各种好，所以如果一旦交往后没有好结果，今后工作中见面就会特别尴尬。她百般拒绝和A单独吃饭，实际也是在试探

A的诚意。谁知,测试的次数多了,彼此从一开始的激情变成互相较劲了,死局。B的原话是:"我怎么能不知道和他单独吃饭会发生什么?"

有趣,会发生什么?

这事让我想起了几个月前接的一个case。

那是杂志社安排的一个人物专访,拍摄现场由我负责服装造型的部分,被采访对象是一个年约40岁的著名女出版人。

在前期沟通的时候,我细细询问了她的三围尺寸,穿衣喜好,又仔细研究了她的生活照和写作风格,然后跟摄影师、编辑一同开会沟通了拍摄方案。功课做足后我才开始联系品牌方借衣服,准备配饰,一切似乎万事俱备只欠东风。

可拍摄当天,该女出版人躲在试衣间试了若干套衣服之后,十分沮丧地对我说:"对不起,衣服很好,可尺码都不适合我。"

怎么可能?尺码都是按照你给我的尺寸来挑选的啊。想到拍摄场地是按租赁时间收费的,我十分冷静地请助理先出去,然后对那位女出版人说:"能让我跟你一起进试衣间赤裸相见吗?没别的意思,我就是想知道哪出了错。"

她相当为难,可最后还是答应了。当她脱到只剩bra的时候,我终于忍不住兴奋地大喊："果然不是我的错。"

问题出在她的内衣上——因为长期在国外生活，她习惯要么不穿内衣，要么穿薄得只剩一层蕾丝的内衣。而我们找来的品牌服装，是需要那种特别坚挺并精确的尺寸，一旦没有厚胸垫的立体包裹支撑，就会出现副乳和多余脂肪堆积，整个造型瞬间溃不成军。谜题破解之后，我忍不住高兴地说："陈老师，咱早脱光了就好啦。"

没错，早脱光了就好了。

在A和B类似的男女问题上，我只想给一条建议，唯一的建议——早脱了就好了。第一次见面就天雷勾动地火，早脱光了就好了。彼此都不是十几岁的少男少女，早脱了就好了。既然这么需要情感确认，早脱了就好了。明知道单独在一起会发生什么，早脱了就好了。

这不是什么尊严的问题，也不是道德底线的问题，而是关乎坦诚。

我不愿意教坏未成年少女（事实上现在的少女比你我想的都开放），但我习惯说真话，在人与人的交往过程中，精神坦诚和肉体坦诚你必选其一，才能顺利进行到下一个和谐发展的阶段。要么说，要么脱，猜来猜去没什么意思。

如果你连坦诚都做不到，浪费时间是一定的。

30.
谁是你的Fashion Icon

这个题目，其实源于一次聚会时大家的酒醉闲谈——谁是你的
Fashion Icon?

这个人也许是你搭配灵感的来源，让你曾瞬间醍醐灌顶：原来
衣服可以这么穿。或者是你一直模仿的人，每次看见TA的街拍都脑
补成自己的脸。又或者是你希望变成的那个样子，桌面是TA的裸
照，每天对着手机里的减肥APP傻笑。

收集到的答案如下：

模特类：Alexa Chung，Freja，Kate Moss，水原希子，刘雯

明星类：周迅，王菲，郑秀文，凯拉·奈特莉，玛丽莲·梦

露，Tilda Swinton

无法归类的类：著名热点人物章小蕙，豆瓣女神张辛苑，刚怀二胎的凯特王妃，等等。

最近总有人问我专栏名字Low Fashion到底是什么意思？其实，我的初衷也是源于Fashion Icon。

由于职业的关系，接触了太多所谓的时尚媒体人、摄影师、造型师。大多数时尚编辑本身并不拥有"个人观点和审美"，而只是重复着传播、复制和夸大。她们干着月薪3000元的工作，却想教别人怎样每月消费30万。当你不能每月消费30万的时候，就只能对着"淘宝"和"VOUGE"两头为难。在欧洲，只要你有一份还算稳定的工作，买一双PRADA的长靴是个人喜好。而在中国，对于很多普通OL来说，基本能咬碎好几颗牙。

所以，我最初写"Low Fashion"这个专栏只接纳那些彼此懂得的，不盲目信教的"服装精"。对不起，我的筛选度很高。

黄伟文说的，"服装精"可以分为以下四个阶段：

1. 对自己的穿着一丝不苟
2. 对周围人的穿着指手画脚

3. 对看得见的（比如连续剧、电影）人物穿着都十分在意
4. 对看不见的（比如小说）人物的衣物搭配都口水颇多

前两条自然不用多说，今天可以来聊聊后两点。

连续剧里的Fashion Icon

《老友记》里的瑞秋（Jennifer Aniston饰）：

当她还是咖啡馆服务生的时候，多数是紧身单色针织上衣搭配高腰短裙，俏皮可爱。小巧的项链或耳环只做点缀，但从不会一件首饰戴到地老天荒。

当她入职Ralph Lauren后，职业装方面更加可圈可点。干练的白衬衫加阔腿西装裤，参加宴会时的完美吊带连衣裙，偶尔调皮是露肩衬衫加领带。不似现在的OL，每天套装丝袜穿得无趣死了。

同样还是《老友记》，莫妮卡（Courteney Cox饰）：

比较赞赏的是她对于颜色的选择。因为她深深了解自己黑发纤瘦的特点，穿亮色反而能很好地凸显出轮廓感。所以，每次重要场合（第一次约会，订婚，第一次登台演唱，主动要求sex）都穿红色。虽然肤色偏黑，但配上红唇，简直美暴了。

另外，莫妮卡的婚纱也是我个人认为最美的，没有之一。所以我在自己举行婚礼的时候，坚持选择纯手工定制，多次试穿，纯缎

面，无蕾丝点缀。还好鄙人足够瘦，否则缎面确实比较灾难。

小说里的Fashion Icon

相信多数读亦舒小说的姑娘都会心心念"遇到个家明该有多好"或者"如果自己是喜宝该有多好"，而我比较龟毛的竟然是，女主角穿的到底是哪个牌子啊？

无论是被富豪老头包养的女人也好，还是身材颀长性格火暴的女人也好，终极搭配都是——白衬衫，卡其裤，男款铂金腕表，至多再加一件银狐皮草。这与其说是亦舒的个人爱好，不如说是作者的审美终极思考——并不是每个女人都能将白衬衫卡其裤穿得随意洒脱，关于版型和质地，可讲的太多了。何况女主角还是不喜粉黛就能让人神魂颠倒的。

一开始我以为她们穿的是Jil Sander，后来才知道，根据当时亦舒小姐身处的环境，极有可能是Club Monaco。于是释然，女神的日常品味也是我们日常消费得起的，而且十分适合一般约会和职场，真是惊喜。

怎样能穿出自己的风格？到底该怎样合理消费？多少年来，这方面媒体的声音几乎是空白的。

我们需要的是适合自己的Low Fashion，切实可行的Fashion Icon——就像是活跃在东三环的瑞秋或者喜宝，而不是他们吹嘘的那个高不可攀的样子。

　　在这个方面，我希望跟你一起，真诚地讨论一二。

31.
时尚费洛蒙

　　我不知道你们是不是也有类似的感觉：在见到一个人的第一时间，短短几秒钟之内，就可以判定你们彼此是不是一类人。如果是异性，则信号更为强烈，甚至可以很直接地感觉到你们是否有戏。在不知道对方是否单身，甚至不知道对方年龄、学识、性取向等常规客观因素的时候，就已经有了这种初步判定。我一直以为这种不用说话就能发射和接收小电流的本事是我自己的特殊技能，事实证明，还是我想太多了。

　　百度词条管这种现象叫作"费洛蒙"，对它的解释是："由外分泌腺（exocrine gland）所分泌，分子很小，可随风飘逸再借空气流动快速地传播到各处去。弗洛蒙是动物界，包括人类、哺乳动物、昆虫（蜜蜂、蚂蚁、飞蛾）等同物种之间相互沟通，弗洛蒙营造出两性间自然舒缓的融洽气氛。"也就是说，在彼此见面的第一时间，其实不光是你可以感觉到对方的讯息，对方对你也在做着同样的判定。这是一个特别潜意识的事儿，还上升不到"一见钟情"那个精神层面，只是简单的分子之前的交流。如果一开始你们就不是"同物种"，就不会存在这种奇妙的反应，换句话说就是——不来电。

从我青春期至今，这种费洛蒙反应屡试不爽，准确性近乎99%。很庆幸自己在这方面的敏感，从而有效地避免了很多没有意义的物种交流。在穿衣搭配方面，当然也存在时尚费洛蒙一说。毕竟，衣性不同，怎么相交？

男性＊白袜子

合法地说，任何男性都该在开始长胡子之后戒断白袜子。想像一下，发丝清爽的少年，站在操场中心的逆光里，穿运动浅灰色帽衫加运动短裤，别管是搭配什么鞋，白袜子都是合理的存在。干干净净，一尘不染。

镜头再一转，是全套正装的年轻男性。衬衣是浅蓝色有暗纹，领形是时下最热门的复古款式，西装合体收身，裤线笔直，手表和袖扣也都配合得闪闪发亮。但当他一坐下来，露出裤脚和皮鞋中间的一段距离，你就知道，完了，没戏。这就好像看见一个成年人每天含着一根棒棒糖一样，一点都不萌，好吗？

大多数男性对自己品味的养成，都来源于身边的女性。小时候妈妈给穿什么就是什么，到了成年之后，女友给买什么就穿什么。长期找不到女友的，或者女友对他也没什么高层次要求的，就还维持在妈妈的品味阶段，所以会显得特别可怜。

所以，只要是看见穿白袜子的成年男性，别管他嘴上说的是什么，别管他职位多高年薪多么诱人，从心理上来说他都尚未成年且不自知。这样的人，别说爱你了，正经一起聊天都不能。

女性＊内衣肩带

也许是女性天生嫉妒心比较重，在辨识女性时尚费洛蒙方面，我的要求就会苛刻很多。比如不能有珠片闪钻，发色太夸张会让人无法靠近，穿肉色丝袜（别管什么场合）的都不能和她开玩笑，等等。但最让我心惊胆战的，还是内衣肩带。

不知道从什么时候开始，若有若无地露一点肩带变成性感的一种方式。且不说这样是否真的可以讨异性欢心，但是既然要露，就该拿出一点态度来。请不要拿黑色蕾丝肩带搭配任何大领口的服装，不仅会显得非常多余累赘，而且这种"暗示"完全不该出现在这个时间点。你不觉得太早了吗，姑娘？另外，当你选择了一件浅色内衣的时候，也请务必确认肩带是否泛黄松懈。否则关键时刻不仅兴致全无，还可能非常倒胃口。而对于亮色、荧光色肩带，它并不适合所有的服装风格。你以为自己多大，15岁吗？

其实，这种不合理肩带惨案发生在明星身上的概率要比普通人高很多。穿得光鲜亮丽的女神，一身儿都是造型师和品牌的精心打造，只有内衣才是属于她自己的品味。在这方面，抱歉，实在不能抱很大期望值。

当然，在费洛蒙这方面比较敏感，不仅可以有效排除"衣性"不同的人，最大的好处还是在千万人中迅速识别，找到对同物种一击便中的快感。当你穿着Thierry Mugler解构缜密、精致宛如移动建筑盛典的外套站在人群中的时候，如果恰好有人从你身边走过，温柔对你说："再拿个当季限定款压克力水晶手包才衬你。"就是这种电光火石之间，别管对方性别、年龄、身高、爱好，你一定都会爱上这个bitch的，不是吗？

32.
假如青春留不住

就在昨天，有位"小朋友"微信和我哭诉，说自己在三八前夕收到了未婚夫送的大捧花束，还附精致卡片写到："亲爱的，妇女节快乐。"她说："我才25岁不到，怎么就变成妇女了？如果注定要变成黄脸婆，那干脆不要结婚好了！"

小时候过三八节，最高兴的事是学校可以放假半天。那时候女老师的统一形象是：颜色模糊的对襟线衫，烫成大卷的齐肩短发，戴眼镜，削瘦又严肃。因为过节可以领取半斤冻带鱼，才有了一点儿笑容在脸上。学校也教育我们，这个节日主要是为了歌颂妇女们牺牲小我，照顾家庭，服务社会的辛苦付出，这是一种伟大而崇高的精神，诸如此类bababa。这几年民众的认知稍有进步，各大电商网站都会早早打出促销广告："3.8女人节，为自己的美丽买单。"或者"全场5折起，女人节就是要心疼自己。"仿佛是一定要在特定的节日买点特殊的折扣商品，才算对得起自己。于是这一年中跪下来擦地板，双手浸在冷水里洗菜、洗碗就有了意义。即使没有男人买单，自己付账也能挺胸抬头了。

完全是一种从起点上就跪着的姿态——因为跪得久了，偶尔仰下头就觉得阳光灿烂。

想想自己是何其幸运，在我十几岁青春期到现在的时间里，身边的长辈女性没有一个是这种"灰头土脸自怨自艾"的榜样。她们并不甘愿只做"妇女"，牺牲什么的就更谈不上了。

我认识L的时候，我18岁，她30岁。这期间我换了2次城市，虽然见面不多，但我们之间一直保持联系。她是第一个为我建立消费观的人，尤其是在品味尚处于萌芽的青春期，正确的消费观显得尤为重要。她说："如果你有2000块钱买牛仔裤，用全部的钱买1条，和全部的钱买10条，永远要选择前者。"

在我20岁的时候，曾经为了一个"对的人"，毅然退学不远万里去到对方的城市，结果不到1年的时间，就因为对方劈腿而心碎。我曾整晚整晚地站在那个男生的家门口，只为等他回我一个短信，哪怕是空短信都好。不甘心自己的付出没有结果，又不敢真的去敲门担心看到的画面难以收场。当时L就对我说："你这种看似撕心裂肺的姿态其实都是表演，都是徒有其表，实则是迫切地索要回报。那种爱的品质太次，人也是。有品位的人绝不会用那种激烈的示爱方式，那是一种馋相，不是爱。"

这几年L在朋友圈里发的照片，多数是陪家人小孩。她有自己的事业，但仍旧把给家人做饭当成爱好，随手十几分钟就能收拾出一桌色香味俱全的美食。今年甚至还在郊外租了一点田地，只为给心爱的小女儿种蔬菜。周末亲自开车过去，拔草施肥，晒太阳，闻到雨后泥土的味道就觉得幸福。去年见面，她仍旧是喜欢大笑，丝毫不顾周围人的眼光。身上的衣服剪裁精良，周身只戴一只铂金手表。我们聊到一个共同的朋友前几天飞去日本埋胶原蛋白线的经历，L淡淡一笑，不做评。我当然明白她的想法，她自然不是那种需要胶原蛋白才能刷人生存在感的人。青春是最不值得费心留住的东西，抵死也要保持年轻的，是妖精不是女神。能体会到时间的妙处，才是完整人生。

开始你不知风雨欲来，但回忆时却无数次让你排山倒海。想来青春就是这样的东西。假如青春留不住的话，那就甘心变老好了。老得有质感，也算配得上这生命齿轮的频率。

33.
从来都是欲壑难填

　　虹影是我少年时就非常喜欢的作家，也是少数持续到现在还关注喜欢的作家。相比较她之前的小说，我更爱近几年的散文和诗，尤其是关于食物、女儿、年少时的隐秘恋情，以及永远不变的主题——故乡。她那本关于美食的书《当世界变成辣椒》竟然陆陆续续地被我看了好多遍，里面虽然没有完整的菜谱，但关于各种制作美食的tips非常实用，且从这些小细节最易看出一个人的个性：

　　"1. 我做菜从来不看菜谱，看菜谱做菜失去想象力。我蒸饭也跟别人不一样——西红柿的皮剥掉之后，一切为二，放在泰国香米上面，用过夜的茶水，再加点橄榄油、盐，饭蒸出来，香气四溢，颜色好看，有一点酸酸的味道，米粒不硬，也不粘。"

"2. 我做烤羊肉、烤牛肉，不用超市里配好的调料，而是习惯把一块肉从中间切破，拿橙子和柠檬，挤出汁，浇在上面，再浇两勺威士忌酒，就顶好！若放任何香料，便糟蹋了肉本来的香。"

"3. 家里一直都备着做这道菜（罗宋汤）的料，但光是牛肉显然不够做成我想要的那种味道，于是上街买了牛尾来制作底汤，用了矿泉水，而放弃自来水。开了一罐西红柿酱，那红色和酸味比新鲜番茄浓烈，加了一点新鲜西红柿，先把它们用油炒，油温要适中，太高容易破坏番茄酱的酸度，炒要炒透，炒透了汤色才会好看。"

"4. 在吃很辣的川菜火锅时，我会用橄榄油调一道新鲜的蔬菜色拉当配菜，感觉像一个爱穿衣会穿衣的女子，有红衣裳配短短的七分绿裤，十分的妖娆，也百分的清爽。口味上是一种对比。对味蕾来说，更是一种休息和美妙的转换。还有另外一种方法，油炸花椒粒，或是辣椒丝，放入橄榄油，加点醋，用这样的调味汁来拌海鲜色拉，特别可口。"

当然了，看这样零碎的tips一定不能一次就成功地做出好吃的食物，但就是在不断尝试的过程中才能找到惊喜。而且虹影的厨房似乎有一种不拘泥于形式的魔力，感觉随时会有神奇的事情发生。

这感觉就像跟自己的衣柜聊天儿，永远没有特别的固定路线，也从来都是欲壑难填。那种宣扬"买到这件就够了"的事情，你觉得真的会存在吗？当然不，必须不能照着杂志的购物单来，就像不能对照着菜谱做菜一样。当你认为不可能搭配出彩的衣服在某一天终于发挥出它的魔力，bingo，恭喜。

每到换季收拾衣柜的时候，都是最开心的时候。翻看整个夏天买的衣服，最满意的一件居然是muji的一条男士阿罗裤（好吧，就是棉布四角内裤）。我用来当家居裤穿，非常舒服，还有一种纤细稚嫩的少女感觉（也可能只是自我感觉）。前几天看水源希子给杂志拍的一组片子，居然也是穿了类似的男士内裤，上半身竟然搭配桃红色吊带洋装，俏皮又性感。你看，有时候fashion就是有一种独自疯癫的气质——老娘就是要这么穿，你get不到精妙是你段位太低好吗？

在这之中，你我都有感悟。不是吗？

愿天下所有食物都被真心对待，天下所有sex machine都能棋逢对手。

34.

只听好歌不听话

结婚近三年，还在不断被人问到："你真的结婚了，怎么看着一点儿都不像？"每次被陌生人这样追问，就有一种疑似要对不起全人类的错觉——是，是，没有跟上大趋势变成一名合格的妇女是我的错。

不过说实在的，这种"像已婚"的外型气场到底该是什么样子？头发枯黄，一看就很久没有保养，还是穿着早在几年前就不再流行的漆皮圆头低跟鞋，又或者是每天拎一只入门款coach手袋，"入门"到自己都想不起该品牌是在什么年代生产过这个款型？在公共场合大声喧哗，呵斥小孩，还是争着在房产证上加上自己的名字？每天无所事事看肥皂婆媳宫斗剧，急切等着早育一子变成恶婆婆？

那么，要我说，这根本不是已婚和未婚的区别，只是"妇女"气质突出而已。有很多人从未经历过少女时代就已然如此。与之相对应的异性群族可以被称作"妇男"，这类人通常有处女情结，喜欢志玲姐姐，偶尔爱国，抵制下日货，一边偷着约炮一边考公务员，中年前就会发胖，中年后普遍信佛。与此同时，妇男气质会随随之突出的肚腩渐渐显现。

不论男女，他们的特点之一就是：追求性价比。

打出生那刻起，就根本不给自己一分一秒任性的权利——不论存款多少，买东西先从一折砍起，每次起价百分之一，还表现得十分视死如归。如果遇到不能砍价的品牌，必定嗤之以鼻，然后再媚笑着尽可能多地讨要赠品，哪怕一包湿纸巾。如果连赠品都不给，那就只能勉强说服自己，这件衣服可以两面反穿啦！这双鞋可以三季适宜啦！这个颜色最百搭，有了它就不需要再买别的包包啦……总之就是花最少的钱达到最好的效果。如果送一颗糖果就能睡到一个姑娘，他们绝对可以为这颗糖果编织出十万字的童话，还手工抄写出来（废话，打印纸张不花钱啊？），这才是"文艺"的本质。

他们另外一个显著特点就是：质疑任何与自己不同的人。

婚姻状况不怎么好的人，常常热衷于拉别人相亲。觉得有孩子负担特别大的人，常常到处跟别人分享子女相处的甜蜜乐趣。被房贷压得喘不过气的人，最最爱跟别人聊置业经验并且劝你趁早清醒一些，快点下手吧……这里面似乎暗含着某种不可言说的阴谋，他们害怕正是自己过得不好，所以就急切地想把其他人都拉拢到自己这边，否则，就无法证明自己当初的选择是对的。他们不愿意相信自己的痛苦，也理所应当地质疑他人的幸福——你那么开心，怎么可能呢？所以，一切的诗与远方都是不合理的想像。就连你没有及时长出黄褐斑和皱纹，都可能会被质疑你是否在某处养着一条鲜嫩的小狼狗。再不济，也必须老公是gay，我曾经严重怀疑"形婚"这个词都是部分已婚人士对部分人婚姻的臆想。

前几天加班到深夜，从办公楼走出来。这是著名的CBD商圈，门前的一条街道聚集了大量的私家车、卖小吃的摊贩、等着接送客人去地铁站的黑车。就在我拿出车钥匙准备开门的一瞬间，听见旁边三轮车师傅正悠悠地打着节奏哼着苏州评弹。月凉如水，也不知道他在等人，还是晚饭后独自消遣。想起某人曾经给我讲起的一个老电影桥段，男女主角在战争来临前夜，听着昆曲做爱。窗外硝烟四起，窗内曲调绵绵，连骨头都是酥的。

讲究认真的生活多好，这完全跟金钱、学历、相貌无关。完全不需要计较性价比的爱才最珍贵，拿最好的时光去干可能最不靠谱的事儿，并且对整个世界敞开心扉，不轻易质疑。这世界太多投机取巧不懂得享乐的人，投机成功就得瑟，投机不成就凑合。连努力，都是习惯使然的摆姿势。

而我，只听好歌不想听话。所有的将就都去你的吧。

35.
旅行的无意义

　　说好的摩羯月迟迟不肯降临，或者说是不肯按照我的意愿及苏珊大妈承诺的方式降临。焦虑和烦躁挥之不散，似乎做什么都不能得到缓解。如果换作是以前，刷卡、喝酒甚至是和心仪已久的大叔暧昧一下都是好办法，但是现在想想仍觉得无趣。购物车里并不存在什么非买不可的那一件，酒也喝到麻木而无法体会"蓝色小电流"带来的快感，而大叔，想想也罢了吧。

　　那么，何以解忧？

　　闺蜜说：去旅行好了，随便一个什么地方。

　　似乎真的没有抱着此类目的去旅行过。都市人口中心心念的旅行，多数是因为某某地机票打折、圣诞节前的疯狂促销或者某某地听说风景不错。连近郊私汤温泉那种行程，都是三五成群的，只是同样的玩伴换个地点打牌而已。

既然想去旅行，就该找找攻略，总不至于太过漫无目的。上网大致浏览了一下，所谓攻略，基本可以归结为两种类型。一是穷游型，事无巨细地列举出自己乘坐廉价航空，如何避免因为行李超重而被要求额外增加昂贵的行李托运费，2元与3元公交车之间的座椅差别及沿路风光，旧城区没有屋顶的咖啡馆如何别具一格，风味独特。另外一种则是心灵鸡汤型，哪怕是去趟三亚，都要标榜找回自我，寻找心灵角落里的那一抹静谧。当真有人可以通过6天5晚北京直飞北海道的旅程就可以找到自我？那想必这种"自我"的完善程度也未必很高。

那么，我们究竟是为了什么去旅行？

关注豆瓣上的一个姑娘很久了，只是默默关注，看她的相册、日记和偶尔的发牢骚。买过一次她淘宝店里的一款手链，东南亚淘回来的老贸易珠，手工编织的五彩棉线，戴在手腕上旧旧的，只有自己知道这是整个世界上的唯一一款。

后来，她怀孕了。因为不能办婚礼，所以带着遗憾搜集了一些婚纱相关的推荐放在豆瓣相册里，起名叫"愿意吗"。那个时候恰好我也在筹备婚礼，选来选去，最后竟然选了她推荐的那家定制店。纯缎面，素到没有一点蕾丝和亮片钉珠。规规矩矩的传统腰线，背后一排手工缎面包扣从肩胛骨延伸至臀部，舍弃流行的韩式抹胸款，只矜持地露出锁骨。修修改改近一个月，最后看到成品，我笃定这确实是我想要的，对其他婚纱根本不想多看一眼。那时候才和这个姑娘有了第一次邮件往来，我对她说："谢谢，多巧的缘分。"

后来逐渐知道了她的故事：大二的夏天，她本是应该准备考试，准备炎热暑假要在冰箱藏哪种口味的冰淇淋。但是该死的他兴冲冲地跑来问："你看，我新买的帐篷酷不酷？"随后一切就像打了鸡血，他们开始一起疯狂地行走在陌生的公路上——穿过陌生的村子，爬过陌生的山，对话陌生的人，坐陌生的车。川藏线、新藏线、纳木错、可可西里、古格王国、冈仁波齐……曾望着干净的犹如梦境的星空一直流泪；也曾手脚并用拽着即将被风雪吹走的帐篷而憋红了脸；也曾身前是望到尽头的地平线，身后亦是望到尽头的地平线的无助。还有那些沿途的小物，一枚戒指，一串老珠子，一个发簪，一件衣服……爱不释手。

大学尚未毕业，别人还只是在手忙脚乱地结束一段恋情，再开始下一段恋情，翘课最多的人也就是去打工的时候，他们收获了爱情、新生命、星空，也许还有月亮船。

也许旅行就是这样，一切都在路上，意义和目的都无从谈起。那么，就出发好了，随便选择一个目的地，然后关掉手机。本来就不奢望一次旅行就能改变心境，或者星座运势。一切追问和烦恼都是借口罢了。

为什么要爬山？因为山就在那里。

36.
说自己身材不好的人，往往都拒绝承认是脸的问题

　　一个小明星劈腿都能弄得各大门户网站鸡飞狗跳，全民已经到了娱乐疯癫的时刻。不管跟自己有没有关系，先站出来表明观点。不管前一个人说的话是否已经完整看完，先站在背道而驰的角度抒发一下"凶意"。似乎每个人都在狂热地追求真相，但往往真相都很无聊。就是睡了，怎样？你来咬我啊？

　　相对于针对别人家事的苛责较真儿，对身边人样貌举止的挑剔，大多数人对自己的认识却往往采取蒙太奇的处理方式——有些人，让人感觉甚至是打出生起就没照过镜子。

我从不管懒散叫休闲

常年穿着所谓的"休闲装"的人，往往恨不得衣柜里全部是类似款式、类似质地、类似颜色的衣服，这样每天就不会面临怎么搭配的问题，甚至连季节的区分都不用考虑。不过是春秋帽衫、卫衣、牛仔裤，夏天是T恤、牛仔短裤，冬天还是帽衫卫衣、牛仔裤，顶多外面再套一件看不出腰身颜色灰塌塌的羽绒服。给自己固定了这个风格之后，衣服的品牌也随之固定下来，每年去三四次就足够了。每次看到这样的人，仿佛就可以看到他脑门上印着那几个清晰的商标"迪卡侬""优衣库"甚至"海澜之家"。

忍不住会猜测：你究竟是经历了什么才会穿成这样？生活中就没有一点正式的场合需要一两套像样的衣服吗？生活情趣已经低成负数了吗？对自己都不肯花一点心思，更何况是对其他人？

我从来不管丑得奇怪叫概念化。

上半身还是复古波普风格，下半身却是没头没脑的小清新棉布长裙，脚上一双波西米亚风格的流苏鞋，耳环却是炫酷的朋克金属。在人堆里转一圈，身上的无数种色彩就好像要满到溢出来。给别人惊讶的同时，自己还挺有"存在感"的。这类人倒是从来不吝啬在服饰上费心思，什么她都喜欢，什么她都能接受。流行算什么，她简直认为流行该是理所应当跟着她走的。

每次看到这样的人，也忍不住会猜测：你究竟是经历了什么才会穿成这样？生活对你做了什么，才让你变成这样一个对自己没有原则毫不挑剔的人。泛爱也许是好事，但也该考虑下审美的协调性吧？

昨晚看到一个欧洲小众电影：男主角特丑，失意，中年危机，离婚，破公寓一片狼藉，还得独自打飞机。在前妻的订婚酒会上各种搭讪姑娘，未果，只能不断把自己灌醉。酒会进行到深夜，音乐响起，是一首七十年代的老歌，Don't You Want Me。他醉晕了，跟着音乐又唱又跳，只为能暂时让自己开心。全场都以为他是疯子，用可怜的眼光审视着他。这时候女主角出来了，也不怎么好看，不过算得上是别有一番风情，她注视着他，开始忘情地跟他一起唱起来。就这样两个陌生人在人群中迅速认定彼此，带着心照不宣的默契。

我觉得这就挺感人，完全不需要什么山盟海誓的结尾。邂逅就是这么回事，爱情其实就是那么一秒钟心动的玩意儿，剩下的都是怎么相处。关键是你要找到自己，哪怕看不见自己的好，能够真实地看到自己的丑也是值得肯定的。如此才能按照正确路径找到那个对的人。否则，世间哪儿会有那么多"为什么我性格这么好，长得又美却没有人爱"的怨念？

在现在这种到处鼓吹女神以及努力塑造女神的时代，我倒是觉得好好照照镜子，认真对待自己的日常装扮才是最重要的。毕竟，90%的凡人都没有那么高的颜值，也没有太多的上升发展空间，更不需要时刻想象自己是正走在颁奖典礼的路上。你以为端着女神的架子就能成功晋级吗？

你错过的，只能更多。

37.
百无一用是大胸

　　因为一直喜欢蔡澜的书，尤其是《乐得未能素食》这本，所以近几年每次去香港，都要照着书里的酒家和小馆吃一吃。有早就如雷贯耳的镛记、顺记潮州饭店，也有清淡朴实的，奔波很久只为一碗云吞面的沾仔记。说是清淡，但也带有浓浓的蔡澜风格，对比书名就知道是何等真材实料。云吞和鲮鱼球的尺寸大到令人咋舌，可能也是这个原因，所以才容易被人牢牢记住。而街对面就是老字号麦奀记，原本以小云吞出名，不甘心沾仔记后来居上，结果学做大云吞之后生意反倒不好，成了东施效颦。

　　说到大小问题，几乎我身边所有的男性朋友都喜欢上围丰满的妹子，导致大多数上围"贫瘠"的妹子都觉得没有大胸就没有人生。各种挤，各种填充手术、偏方食疗，简直无所不用其极。我倒认为，大胸只是在某些特殊场合比较"实用"而已，其他时间，拜托，平胸才是王道好吗？打麻将的时候你并不会推倒自己的牌，吃饭的时候也不需要和桌子保持恒定"胸距"，还可以随时飞奔做风一样的女子，完全不需要担心下垂的问题，从而省掉了涂抹美胸产品的麻烦……关键是，你见过时髦的大胸吗？

首先，你得先和近两年流行的BF风说再见。慵懒随性的白衬衣很好没有错，但是如果上半身过于丰满，就会瞬间没有腰身，视觉效果看上去会立刻增重5公斤。请注意，这里"丰满"的定义是B CUP以下。另外，除去白衬衣，任何面料挺阔、宽松的直身版型都会让大胸显得十分危险。夏天还好，可以多少露出脖子和脚踝，冬天的话，会因为视觉上没有层次间隙显得特别蠢笨。所以，请果断放弃宽松衬衣、粗针毛衣、花呢直筒裙这种天生就是为了纸片人存在的玩意儿吧！

其次，你也可能会说你压根没打算走潇洒帅气的路线，你喜欢喜感妩媚。好，那就来说性感妩媚。传统意义上性感的元素，搭配大胸都会显得特别over。比如蕾丝，咦，胸前的花朵蕾丝图案为什么变形了？为什么会有鲜肉呼之欲出的压迫感？再比如豹纹，我很少见到可以把豹纹穿得不低俗的人。豹纹太难穿了，就是豹子本人穿都得眉清目秀才work。如果真是眉清目秀又"波涛胸涌"，那穿一身豹纹是不是显得有点精神分裂？所以，不光是款型的问题，上半身丰满的姑娘在衣服材质选择上同样限制多多。

而平胸姑娘可选择的范围不要太宽好吗，华人女星里周迅就是最好的例子。穿连体裤利落帅气，穿小洋装妩媚动人，就连穿CHANEL这种牌子都能穿出不一样的小男孩儿气质。脸当然是一个重要的点，关键还在于你对于自己的心态。2尺4的腰围想要看上去像1尺8是不现实的，70A想要挤出80D也是不可能的，衣服总有脱下的一天。坦然面对自己，事情不是更简单一点？如果你总觉得买不到合适的衣服，也许真的不是衣服的问题。

我不止一次在私下听大胸姑娘跟我抱怨，穿衣搭配的困扰，选内衣样式的局限性，甚至稍有不慎还会被老板娘当成假想敌。说什么因为身材火辣迅速升职的，都是活在电视剧里的人吧？

如果想要上半身看起来不那么壮硕，同时又能展现迷人的一面，最好的办法就是尝试大领口、小v领和方形领口。另外，请切记不要忽略自己的腰，腰是少女象征的第一要义啊！大妈才不会为水桶身形苦恼——或者是即使苦恼也来不及了。修身合体的连衣裙，可以很好地衬托出纤纤细腰，从侧面看起来，不会因为大胸而显得整体身材过于厚重。

以上的种种烦恼，我只能在心里替你们抱歉了。而我本人，乐得未能拥有一对儿丰胸。

38.
热情是我的弱项

看村上春树写他的弱项竟然是参加派对："虽然也是个堂堂正正的大人，而且基本已经社会化，无论如何都非做不可的话，那么出席个仪式，三言两语地做个致辞，在派对上平平常常地与人谈笑，这些我也能做到，然而它们仍然是我的弱项，这一点并不会改变。硬要勉为其难的话，事过后的疲劳便会喷涌而出，往往一时半日无法着手工作。所以我尽量避免在这种场合抛头露面。"

更为有趣的是，他认为理想中的派对应该是这个样子："人数在十到十五人之间，人人悄声交谈，大家都不交换什么名片，也不谈论工作；房间的一角，弦乐四重奏规规矩矩地演奏着莫扎特；不怕人的暹罗惬意地睡在沙发上；美味的黑皮诺葡萄酒已经打开瓶盖；从露台可以眺望夜幕下的大海，海面上浮着半轮琥珀色的月亮；微风带来无限芬芳，身着丝绒晚礼服、睿智而美丽的中年女子亲切地向我详细解释鸵鸟的饲养方法。"

　　原谅我逐字逐句把别人的文字抄写在这里。因为作为村上多年的读者（至少十三年是有了），除了挚爱他描述细小事物冗长又略微怪异的风格之外，单就"人"这类个体来说，看到同类说出如此贴近自己内心的想法，贴近到简直像是在心里装了一台3D透视打印机，竟然有点想要热泪盈眶了。

　　那么，我的弱项是什么？长的不如范冰冰，身材不如Monica Bellucci自然就不用说了。

　　认识，或者说是在某热门网站关注一个女孩儿已经有两年多的时间了，直到2014年年初我们才通过微信公众号的机缘互加了联系方式。对方是个性格乐观的可人儿，多次约我见面聊天。每当手机屏幕上发来对方顺理成章的邀请，就是那种对常人来说再简单不过的邀请——比如"这周一起出来喝东西吗？""想见你呀！"之类的——在我内心都会瞬间掀起无限repeat"不要啊！"如果是因为工作上需要和陌生人接触，那就拿出固定社交模式就好了。但是这种原本线上熟悉，线下却是陌生人的见面，总是让我十分尴尬。对着一张从未见过的脸，热情地寒暄，倾诉自己最近的工作生活？抱歉，做不到，缓冲期太短啊！如果对方也是我类土相星座也就罢了，大不了两个人面对面全程静音尴尬，然后从此再不见面。但是如果碰上情感热辣又思维跳跃的水相星座，那种如坐针毡的感觉，简直如同噩梦一般。真想对全世界大喊：不要对我热情，千万不要啊！但恐怕说出来会被当作是精神有问题的人也说不定吧！

　　另外一种弱项，恐怕是无法在公开场合展示女性特质的一面。私下里可以性感、可以露大腿、可以撒娇，但是在公开场合无论如何做不到这点。很羡慕在派对上大露特露的姑娘，即使穿得不那么好看，甚至有点低俗，但是起码态度自若。而态度在这时候的作用是尤为重要的，往往可以事半功倍。但就我个人而言，很难在陌生人面前，在公众面前裸露。为什么要妖媚性感给所有人看？我们真的有那么熟悉，让你需要看到我更多的身体？这么直接，是否后续的情节发展不够跌宕起伏、后劲十足？而那种领口开到腰线的衣服，势必不该被穿着者太过频繁地使用，更何况是初次见面就坐在人家大腿上。这种热情，比言语交流上的热情还要让人尴尬。如果我是异性，算了，就包含同性在内吧，我也难免不会冒冷汗：我又没有要求你，你给我看这么多是要干吗？

　　有一段时间我失眠，整晚整晚睡不着。很多人跟我说，睡不着你去看看电视啊，去听听歌啊。拜托，我想要的是睡眠，仅仅只想要香甜的睡眠，哪怕只有5个小时就好，谁要看什么垃圾片？对于天生热情属性携带者，我也想就此大喊：千万别给我热情，我想要的只是不热情而已。

　　就这么简单。

39.
你需要的只是配饰

在我短暂的少女时期，也曾经迷恋过那种闪闪发光的小玩意儿。切割玻璃或者是水钻的夸张耳饰，巴洛克风格；金属质感、层层叠叠的手镯，粗细各异，在手腕上叮当作响；还有成串红色米珠珊瑚的项链，甚至是跟着美剧流行起来的宽边发箍，某品牌旗下副线品牌的卡通手链、荧光挂饰，等等。这些东西基本可以归类为：好看。它可以在第一时间毫不犹豫地抓住你的眼球，然后你会在脑海中瞬间想出至少十套以上的衣服可以与之搭配，然后兴奋地掏出钱包刷卡。但是请相信我，不出1个月它们就会光芒褪去，被你遗忘，以至于很久之后你翻到这些隐藏在抽屉角落的，已经氧化失去光泽的东西，你甚至想不出来自己当时买下它们的原因。只能依稀看出牌子：哦，这只手镯是Agnes b，这对儿耳环是Marc Jacobs。

这些东西通常价格不高，所以买的时候很少犹豫，也无需耗费大量的精力说服自己不用心疼。但同时，因为时髦流行的特性，快消产品及大牌副线、衍生品，往往本身设计的辨识度就会非常高，一定会把当季流行元素最大限度地表达出来，基本属于看一眼就能记住的东西。所以，相对而言，频繁使用的概率其实比你想象的要低很多——谁会把一串塑料珠子整天挂在身上，见不同的朋友，哪怕它是知名设计师出品？

说白了，这类配饰，只是为了讨自己欢心的小玩具罢了，哪怕是只有一秒钟的开心也好。

每年圣诞节前后，都会抽时间重温一遍《真爱至上》，竟然每年都会看出不同的新意。这种喜闻乐见的题材，是最适合在年末的时候补给自己的一剂"鸡汤"，就连那么几处关于人性弱点的阴影，也被编剧贴心包装，变得虽然可耻又招人心疼。这应该就是好剧本的魔力，商业化并不一定就代表粗糙与俗不可耐。除去已经烂熟于心的情节之外，最爱剧中Alan Rickman扮演的已婚大叔送给小情人的那条项链——金色饱满的心形吊坠，在心尖处镶嵌一颗熠熠生辉的红宝石。

在最开始勾搭阶段，小情人就坦言："我所有的一切都只是为你准备的……而我想要的就是一点漂亮特别的东西。"大叔趁和妻子逛百货公司的间隙，仓促挑选了这条项链藏进口袋（插播一段，此处Rowan Atkinson有一段精彩绝伦张弛有度的表演，可以载入近20年电影史史册）。其实在这个时候，大叔已经决定向自己的欲望妥协。做好爸爸、好老公做腻了，对送上门的妙龄少女，拒绝也太难了。等到俩人四目相对，情欲指数爆表的时候，小情人一身儿红裙，搭配金色的心形短项链，美到让所有坐在荧幕前的女人嫉妒。是那种恨到牙根儿痒痒，又不得不服输的嫉妒。

　　而此时的配饰，已经不仅仅是电影道具那么简单了。闪耀在心尖儿上的红宝石，才是情欲本身。而在他挑选、购买、送出的过程中，项链本身就具备了使命感。这时候的配搭，因为富有仪式意味，所以才显得尤为迷人。

　　同样还有村上春树在早期《挪威的森林》里的一段描述：直子全身赤裸与男主角做爱，只有手腕上戴一对银镯。月光从直子的头顶倾斜而下，她湿润得一塌糊涂。男主角闭上眼睛，只有银镯发出清脆的撞击声。这也是因为配饰为整体场景和人物加分的例子。毫不夸张地说，在村上所有的小说里，我最不喜欢的就是这部《挪威的森林》，精彩程度还不及《舞舞舞》十分之一，整本小说的印象也仅有这段有道具的床戏而已。

广告商和品牌常常赋予珠宝首饰象征意义，戴珍珠的多数纯洁高贵，戴钻石的华丽忠贞，但是对于饰品佩戴者本人却从不挑剔———买得起就可以。不论何时何地，不论床上床下，你需要的只是配饰而已。

40.

Mama needs suger

　　想来麦当娜麦姐也是近六十岁的人了，竟然还会在57届格莱美颁奖典礼这种场合"艳压群芳"——似乎是爱德华时期的蕾丝紧身束腰胸衣，因为太过紧身，胸部难免被挤压成可怜勉强的形状。然后从腹部开始呈三角状垂下流苏，仅仅是超过胯骨边缘几厘米的长度，这就算是裙子了。内搭已经过时多个世纪的渔网丝袜，过膝皮靴。皮靴也就算了，顶多不是特别时髦，但已经是过膝的款式了，为什么又在鞋面处设计成罗马绑带鱼嘴款？造型师竟然还贴心地为她搭配了与皮靴同款的过肘长手套。整体造型再搭配麦姐做了太多微整形手术显而易见亮到发光的脸，不禁有种悲从中来的感觉——别人到老年疯狂阶段，仅仅会让人感叹美人迟暮而已，为什么她还多了一层英雄末路的凄凉？

　　可能因为她在年轻时代给了我们太多关于香艳的幻想吧，也只能这么安慰自己了。无论男女，都不得不承认她是那个时代的icon。在流行玉女小清新的亚洲地区，麦当娜的美艳无疑是更具有力量的。她是那种可以从骨子里侵略你的人，电光火石之间，兜头盖脸给你重建审美价值观。但是时光飞逝之后，美人魅力不再。观众心软啊，不舍得天天叹息扼腕，只能把目光聚焦在其他新生代女神身上。但是美人不服气，非得梗着脖子跟世人大喊："我并没有技能冷却，我血槽还是满格。"谁理您呢？

　　写到这不禁扪心自问，我到六十岁的时候会是什么样呢？也会像她一样拒绝承认那个被时光刀劈火烧之后的自己吗？不，应该不会。要说为什么，首先得从我喜欢什么类型的姑娘说起。

　　我喜欢的姑娘类型很简单：长直发、素颜、冰雪聪明、有话直说。

　　长直发，说明她品味不差，对自己风格已经固定很久了，你要知道有多少人为了托尼老师、凯文老师什么的一句话就把好好的头发又烫又染。素颜，说明皮肤底子好，也压根儿瞧不上大浓妆，红唇粗眉都是短暂的流行疾病。冰雪聪明很重要，因为聪明，所以对美丑有天生的判断力，完全不屑随波逐流，甚至根本不看时尚杂志和《来自星星的你》。还有有话直说最可爱，我觉得你今天穿得特别难看，我一定会告诉你，做不做朋友先暂且不论，但是不能因为你让我自己难受，誓死不做白莲花。

说白了，她们是天生丽质占尽优势的人，她们有着与生俱来的自信，所以对世界的吸收和领会也比一般人要透彻。当然，她们可能也会去看话剧，玩lomo拍胶片，偶尔听个歌剧，也热衷于健身读书，通过常规途径来提升自己。但是她们就是做得比你成功，比你姿势漂亮，你不得不服。

这样的姑娘，你觉得她们会在年老色衰的时候扮丑作怪恶心自己吗？真到那个时候，她们不定是躲在世界哪个角落喝着红酒吹着小风满脸微笑呢！再好的珠宝配饰都比不上一头银发和一个永远自由的灵魂。

我看过很多关于中老年危机题材的电影或者小说，女主角要么沉迷年轻肉体，要么沉迷酒精，总之就是疯狂得让人咋舌，真想对着她们大喊："年轻时候早干吗去了？"没错，就是因为年轻时候没有经历，到最后才会表现出"mama needs suger"的不合理偏执。自己难受也就罢了，看着让人心疼，更容易让旁观者厌烦。

比起麦姐用力过度的红毯造型，她近几年在电影上的突破倒是让人刮目相看。由麦当娜本人担任导演和编剧的《倾国之恋 W.E.》竟然脱去青涩，把一段原本平淡且为大众所知的皇室恋情讲得委婉动人。全片的节奏质感完全不输知名导演，而且服装造型还获得了当年第84届奥斯卡金像奖提名，由麦姐本人操刀制作的配乐也获得金球奖提名。

同样是人生的智慧，美女转幕后才女就值得大家鼓掌，而把小聪明用在撕心裂肺地在公众面前扮年轻上就惨不忍睹。

说到底，观众都是挺自私的。真是残酷的现实。

41.
谁比谁病得轻

　　难以置信，时隔19年之后电影《甜蜜蜜》复映，我身边的很多同龄人居然会以为这是陈可辛导演的新作，但这绝对不影响观众把自己感动得热泪盈眶。这部在1997年几乎是横扫香港金像奖的电影，一举拿下最佳电影、最佳导演、最佳编剧、最佳摄影、最佳美术指导、最佳服装造型设计和最佳原创电影音乐等多个奖项。最重要的是，张曼玉通过此片获得了当年的最佳女主角奖项，虽然还是很美，但已经不是只会傻笑的花瓶港姐了。不管是首映还是复映，导演都是在说自己的故事，观众却甘愿在电影里寻找自己的影子。这种自我画像的遥远映射，谁比谁病得轻呢？

多年之后再看一遍，感动我的还是只有豹哥背后的米老鼠文身。

第一次看到这个文身，李翘隐约觉得豹哥对她有好感，但无奈当时心里还挂念着炮友黎小军，所以还处在挣扎的边缘。第二次导演再把镜头给到米奇，豹哥已死，那么要强的一个人，突然就在遥远的异乡倒下了，并且死得毫无尊严。李翘对着豹哥已经没有温度的身体泪如雨下。命运就是如此，你永远也想象不到什么样的人在以什么样深沉的方式爱着你。

这个男人，岁数不小了，也经历过太多太多。你能想到的小心思他都懂了，你还没想好的他也替你想好了，安全感和钱都给你了，还爱得比你明白。对比之下，小白脸黎小军不就是一个活儿还不错的备胎吗？

很多人说从这部电影中看到了爱情，看到了背叛，甚至看到了缘分。不过抱歉，事实是缘分拯救不了你，星座、易经也不能，醒醒吧！请与我干了这碗鸡汤。

在李翘初遇豹哥的时候，她背了一身债，无奈之下才在按摩中心当起按摩妹。豹哥问她："你的嘴应该还有其他用途吧？想赚外快吗？"就算爱钱如李翘，也还是先拒绝，但是后来又从了。为什么从了？因为在一起开房的时候，黎小军在她耳边清唱《甜蜜蜜》。她幡然醒悟：自己追求的远不是与一个北派土老帽来香港享受性高潮的——"我来香港的目的不是为了你，你来香港的目的也不是为了我"。那么我的目的是什么？我怎么才能达到我的目的？这是第一次，她选择了豹哥，你可以暂时理解为她是一个为了钱不择手段的女人。

第二次选择，她已经衣食稳定，甚至是超额完成了自己的梦想。温饱思淫欲之后，她和黎小军苟且复合，她以为这是迟到的爱情。但是天命不遂人意，这时候豹哥出事了，需要立刻离港。她冒雨飞奔到港口。本来想和豹哥坦白自己要离开他去追随"爱情"，但是见到豹哥之后，她所有的理由借口都瞬间灰飞烟灭。她扑在豹哥怀里，用身体堵住了他大男人的体贴退让。她再次选择了他，在他最潦倒的时候，并且更加坚决。这不是荷尔蒙冲动就能说服得了的决定。从此，她跟着他漂泊，两年换了六个城市。甚至在美国，住在廉价公寓里，她还曾说过，不如我们生个孩子。

通常我们在关键时刻选择了什么，才是最靠近自己内心的选择，但并不一定是最正确的选择。没关系，疯也是一种状态，习惯就好了。哪怕全世界都觉得我是错的，只要你能在黑暗中拉住我的手，这就值得。

42.
欲拒还迎的内衣诱惑

看到一段对咖啡及咖啡馆起源的介绍，很有趣：

1962年，伦敦的街头出现了第一家咖啡馆。一张宣传它的广告单上写着："这种果实叫作咖啡，只结于阿拉伯沙漠上的一种小树。它安全无害，通过烘干、研磨成粉、泉水煮，最终会被制成一种饮品……尽可能趁热饮用，只要那种温度不会烫伤你的嘴。"

不过，世界上最早的咖啡馆，相传诞生于16世纪中叶的近东地区。咖啡馆的出现，说明了人们已经不满足于在家喝咖啡，而是对咖啡有了进一步的寄望：促进社交。在还没有微博和门户新闻网站的时候，那些咖啡馆成为极其重要的信息交换中心，以至于在当时被人们称为"Schools of the wise"。甚至在最初，科学还未发达到可以了解咖啡因妙处的时候，伊斯兰教教徒在修行和祈祷时会饮用它，因为他们认为那些小小的果实里含有神赐的巨大能量，可以让你快速缓解疲乏，甚至一扫忧郁，对生命满怀希望。

不知道咖啡豆首次被发现之后，是什么样的人通过什么样的机缘巧合才把这种东西做成了饮料，并且在数百年的发展过程中，竟然变成了现在我们身边随处可见的东西。而它的用途和目的也同时发生了翻天覆地的变化——社交和提神还是有的，但同时装×确实变成了一种晦涩又怪异的刚需。

这个发展历程倒是和女性文胸的路数差不多，在各种搜索网站和相关书籍资料中，找到关于此物的起源大致有以下三种论调，颇为值得探讨。没错，我是抱着看八卦笑话的心态在查资料。

1. 文胸是20世纪20年代由法国人发明的，它的前名是紧身衣（Corset），在18世纪时就已出现，当时妇女穿它以保持体态。但因Corset非常不舒服，逐渐演变成分上下两件（束胸及束腹），再经过巴黎设计师们的巧艺，式样愈来愈简单，终演变成今日的胸罩和束裤。不过胸罩惊人的款式变化是近一二十年才有的。胸罩的英文是Brassiere，口头多简称为bra，此词毫无疑问来自法文。（最后这半句有点莫名其妙，通过缩写来印证法兰西的骄傲？得有多任性？）

2. 文胸是一个名叫沃托·提兹林的人发明的。关于提兹林发明文胸的最早记载，是华莱斯·雷伯恩写的《挺起胸膛：沃托·提兹林发达史》一书。这本书宣称，提兹林在其助手汉斯·德尔文的帮助下，于1912年发明了文胸。他们那时是为一名瑞典运动员设计的。据说提兹林还在30年代起诉一个名叫Phillipe de Brassiere的法国人，告他侵犯了自己的专利权。（这个起诉，倒是和上一段接起来了。但是从叙事角度上来说，文胸本身和美感毫无关系，听起来更像是发明了护腕或是牵引仪。）

3. 早在1859年，一个叫亨利的纽约布鲁克林人为他发明的"对称圆球形遮胸"申请了专利，被认为是胸罩的雏形。1870年，波士顿有个裁缝还在报纸上登广告，售卖针对大胸女性的"胸托"。到了1907年，一生充满幻想和曲折经历的法国设计大师保罗·波烈声称"我以自由的名义宣布束腰的式微和胸罩的兴起"，由此被认为是胸罩的发明人。他推出以"自由"命名的两件套装亦是吸收了东方服装的剪裁方法。他说："这时我对传统的束身衣，已有成熟的看法，那就是从颈到膝都被束缚的女性躯体，必须要求解脱。"（此段资料充分显示了起个好名字的重要性，对称圆球形遮胸是什么鬼东西？另外，及时站出来对世界喊话也很重要，虽然不是文胸的真正发明人，但是"被认定"也是好事。）

文胸比一切其他服装都更能表达两种相反的欲望——遮盖身体的同时又强化和展示了它。文胸的性意味和仪式化的成分，构成了女性内心不停交织的矛盾：既通过客观对身体的束缚来顺从压制，又主观上突出身体来打破禁忌。说白了，就是折腾。

女性内衣界翘楚"维多利亚的秘密"就特别会抓住顾客内心的软肋，又得让你疼还得让你有所释放——先给女人精心编织一个故事：女主角维多利亚是个英、法混血，她聪慧又典雅，成熟又时尚，在伦敦的高尚住宅区开一间专卖欧式风情的内衣小店。不论产品开发，市场营销还是店铺设计，"维多利亚的秘密"始终围绕着这个虚拟人物。品牌迅速迷惑了消费者，称为成长最快、最著名的女性内衣品牌。甚至在某种程度来说，维多利亚就是女性本身。

这种欲拒还迎的诱惑，除了商业价值之外，更多的只是雌性潜意识里的自娱自乐罢了。

43.
美人在骨不在皮

尚在青春期的时候，虽然隐约觉得自己不算丑，但究竟是不是漂亮却全然拿不准。漂亮吗？是哪种漂亮？应该这样漂亮吗？还是漂亮的方式不对？

那时候出门见小男朋友都要打扮好久，对穿什么衣服拿不定主意的，就会索性把所有衣服都摊在床上，一件件试穿（当然，那会儿除了校服以外确实也没几件衣服）。后来上了大学开始会化妆了，置装费开始多一点了，约会之前更加疯狂。恨不得拿出一整个白天打扮，就为了晚上能在学校门口的小餐馆吃顿饭，临出门还要带上巨大的化妆包以备随时补妆。

不像现在，随身的化妆包小得可怜，有时候甚至根本不带。包里必不可少的更多是眼药水、酒精消毒棉片、相机、笔记本、近期看的书这类功能性的东西。而起床出门之前的程序更是简单：睁开眼先把咖啡煮好，然后洗澡。在洗澡的过程中已经确定了今天要穿什么衣服，接着吹干头发开始化妆。化妆步骤简约到自己都难以置信，总共就3步：隔离＋底妆＋眉毛。最后是穿衣服穿鞋，有时候会临时换个包，这多少耽误一点时间。最后涂个润唇膏，喷香水，拿钥匙出门。如果今天要见客户或者有重要会议，以上步骤不变，只会在车停到公司楼下的时候，擦掉润唇膏，涂上颜色合适的口红。

　　除去路上的时间，从起床到可以见人，只需40分钟。这种每天看似训练有素、井井有条的时间安排，其实是长时间对自己做减法形成的结果。减法做到最后，就会越来越笃定什么才是最适合的东西。

　　比如，已经不再觉得完整妆容必须画眼线和粘假睫毛，因为那根本不适合我的眼形，而且特别廉价。再比如，已经不再穿那种搭配起来特别复杂，质料特别难伺候的衣服。简单、纯色最好不过，怎么看都舒服，而棉麻本来就有棉麻褶皱的样子，牛仔裤也不需要笔挺。从喜欢各种叮当作响的小首饰，进化到全身上下最多一只腕表。

　　这种种看似简单的小事情，修炼起来实属不易。无数次地推翻自己再重建，躲避恶趣味流行炸弹的袭击，把品味差的男友和女友甩在身后，不停地怀疑自己再肯定自己。直到现在——没错，这就是我了。这是骨子里对自己的接纳和喜爱，不是买一只奢侈品包包就能达到效果的。现在，哪怕不化妆，只穿T恤和睡裤出门，也不觉得那么难堪。如果运气好，转角遇到张震吴彦祖也还是可以勇敢要求合照的，当然，美颜软件不能放弃，这是"社交礼貌"范畴。

不过，以上种种减法成本也是蛮高的。素颜美女每个月花在保养上的费用，至少超出浓妆少女3倍。而在服装方面，进化到一定阶段，不说事业有成，也起码有一点社交需求和基本审美了。看似简单的纯白T恤，很可能是Maison Martin Margiela今年的新款。纤细苗条的身材更是不用说，你知道她每月吃下去多少莫名其妙的药片，以及在健身房买了多少私教课挥汗如雨，才能走过你身边的时候笑得云淡风轻。所以，奉劝各位男性友人，别总说自己爱素颜气质美女，但是又讨厌她们物质。你们不知道你们这种"讨厌物质女"的论调，把多少好好的女孩儿，活活逼成了只知道工作挣钱的职场女杀手。最后，还被吐槽说太强势所以找不到男朋友，愤然出柜变成拉拉。所以，其实活该大多数直男没有女朋友。

我一直觉得"美人在骨不在皮"这句话并不是强调让人放弃对

肉身的爱，肉身哪能不爱呢？从脸到胸到屁股到脚趾头都得自己好好爱起来。而这个"骨"，更多的是指一种"气"，是内在的看不见的东西。要想修炼这个骨，最基本的要先了解自己，然后接受自己，接受自己的完美和不完美，赤裸裸坦然面对。

至于那种感觉打出生起就没照过镜子的"天生自信"型人格，当然不在我的讨论范围内啦。

44.
文艺有张穷酸的脸

　　和朋友聊资深女文青徐静蕾的新电影，对电影本身及王朔的再次操刀，三言两语就可以说完。包括王朔本人在后期接受采访的时候，对这部电影也是一带而过，顶多是调侃下徐静蕾给了自己这个赚钱的机会。

　　对徐静蕾本人，我一直的想法是：这么多年来各大媒体说她是才女，无非是因为她既不漂亮也不性感罢了。特别像初中或高中的文艺委员，哪哪都那么好，待人亲切热情，还在校刊上发表过东西。但是不能深究，深究就变成了无趣没质感。她对电影创作的理解，仅能抚慰一拨老一辈文艺青年的内心，年龄在二十四岁至三十五岁之间。范围再大点，顶多再涵盖一批喜欢看长相甜美没出过什么大错的阿姨婆婆。倒是她现在的男友黄立行，相比之下性感有趣多了。

　　文艺不知道在什么时候，已经赶超了当年安妮宝贝带起来的"小资"风潮。现在回头看，小资还好一些，起码用得起兰蔻、穿得起基本款Burberry风衣。而"文艺"二字像是低版本的小资，显得尤为穷酸简陋。

　　电影必须要看网上影评数10人以下的才显得自己懂得特别多，根本不进电影院，从没看过或者看得起过巨幕。护肤品要用手工自制的，瓶子可以在午后的阳光下闪耀着温暖清新的光，至于有没有标签和出厂日期根本没有那么重要。吃的东西最讲究，日料和意大利菜是经常挂在嘴边的，但是很可能跟你聊完天转头就一个人进了沙县。

　　至于穿，文艺女青年的标准配置应该是这样的：穿棉布长裙，内搭优衣库发热秋裤。上半身层层叠叠，乍一眼根本看不出哪个是外套哪个是围巾，而且多是饱和度特别底的灰色、暗红、墨绿、藏蓝，没有一件是感觉能洗透亮的颜色。春夏多是衬衫，扣子扣到最上面一颗。天冷了就在外面套一件粗针麻花毛衣，圆乎乎的两片领子往外一翻。不知道有多少胸大脖子短的姑娘毁在这种假装自己在去听陈绮贞演唱会的路上。这种关于衬衫的错误穿法，常让心脏不好的我觉得胸闷气喘。其他常规配饰应该是：帆布袋、玳瑁纹框架眼镜、直眉以及不合年龄的粉嫩腮红。

另外，也不得不说下近几年崭露头角的文艺男青年们。穿慢跑运动鞋的时候把裤腿卷起来，露出里面的花袜子，这种穿法你们是怎么迅速get到的？哪怕下半身粗壮腿短的人也孜孜不倦地尝试着。还有一种是及膝的宽大短裤，内搭紧身legging。如果短裤是黑色或者深色纯色，则legging还必须是特别绚烂的印花。比如NIKE最新的慢跑系列legging就完全不是为了慢跑设计的。通常这类男青年还有一大爱好是喜欢穿紧身T恤，当众激凸什么的，随便来根本不在话下。其他常规的配饰是：某牌铆钉双肩包、微单（一定要挂在脖子上）以及一张为了音乐为了摇滚苦大仇深的脸。

王恺老师曾在他的《文艺范》一书中写到吃和偷情的关系——只有夫妻之间的吃饭才能吃得体面，偷情者多半吃得仓促寒酸。比如张爱玲在《阿小悲秋》中写到的哥尔达，约女人吃饭总共就那么几道菜，对面吃饭的女人从来都是鱼水之欢，随着上床次数增加，菜的品质就可以一直下降。另外还有大仲马的小说里，火枪手去找吝啬的老情妇借钱，被迫亲热之后，她把一只瘦得皮包骨的母鸡做成汤，然后撕下一只翅膀给他，这是典型老女人包小情人式的黑色幽默。

这种吃与偷情的关系，似乎也对文青们适用。看过几个时尚网站，看过几次画展、舞台剧表演，脑子里不假思索可以说得出至少五个一线大牌的时候，就觉得自己掌握了宇宙中心的审美规则。殊不知因为底子不足，自己表现出来的是多么可笑又禁不住细看的东西。

45.
美的正确打开方式

　　不止一位编辑对我说过："第一次见你之前，我紧张到不知道穿什么好。"

　　是因为先认识我文字的关系，所以才觉得我太过尖锐刻薄，怎么小心翼翼都是错的？拜托，不要这样耍赖皮说是我的原因好吗？只要是见过我本人之后就会了解，我这个人的刻薄从来都是对物不对人的。对人，别闹了，谁有功夫去记住那么多无关紧要的脸，然后绞尽心思跟你假寒暄？也有另外一种情况是，已经认识了一段时间的朋友，因为偶然原因知道我在写时尚专栏，拿过去一看才吓一跳："天呐，我平时穿衣服毫无品味可言，你为什么愿意默默忍受跟我交往这么久？"

这是什么逻辑？我是否与人交朋友是第一时间看对方穿衣品味的吗？好吧，是的！没错，这是个残酷的结果。

但是，你我对品味的标准是否是一样的？品味的门槛远没有你们想的那么高啊。单凭一枚扣子和针脚大小就能分出一线成衣和副线的差距这种事我也是不能的。但我也不会委屈自己，去忍受任何一个"恶"品味的朋友。

你看，我就从未认可马路上随处可见的紫色头发或者荧光亮片雪地靴是凡人该有的正确选择，你也一样吧？我和朋友见面也大多数是白色T恤牛仔裤，随意一双人字拖。我有在不合时宜的时候露出大腿或者穿过镶满宝石的超高高跟鞋去和朋友吃麻辣香锅吗？我认为女孩在撩起耳边发丝的那一瞬间很迷人，但是有些男孩做起来则刚刚相反让人感觉莫名其妙，你不是也这么觉得的吗？

没错，我们是否可以和睦相处的原因，是基于对"美"最基本的判断。这个东西打出生起大家都有，只是有的人长着长着，自以为见过一些世面，就放弃独立思考的能力了。而有的人则一直保持得很好，自己舒服，别人看她也是赏心悦目。

记得杨凡在《她们的美丽与哀愁》中写道："有次Maggie（张曼玉）和她（钟楚红）一齐拍海报，张小姐非常认真地培养情绪，拍出来也确实交足功课。但轮到钟小姐出场，她把头发弄得像稻草乱糟一团，一件over size黑色大衣披上，不到五分钟，也交了功课。张小姐看了，马上认输。"我并不认为张曼玉的"努力"就输给了红姑的"随意"，都是美，只是美得不同。那个年代的香港真好，电影特别合人胃口，歌星也靓也迷人。这才是美的正确打开方式，一切好的值得珍惜的东西，可以惦记很久，反复回味仍有不同的新意。另外，那个年代让我着迷的还有《号外》，林青霞、李安及Joyce，等等。

　　当然，我现在仍然可以听到直男癌患者的论调：美和品味是女人的事，男人关心钱就好了。这也许就是贵国雄性自甘堕落的原因？听起来也不是那么自甘吧，终究是底子太差想长进太难又懒得拉下脸去学习值得品味的好东西。一不小心，就变得娘且俗。

　　正确男士对美的欣赏应该是考究精良的，比如英国James Smith& Sons这家保持维多利亚年代的老店，创店于1830年，只卖雨伞和手杖。在那个年代这两件东西是绅士服装必备的一部分，如今虽然不那么流行，但每年仍有大批人从世界各地赶来这个地方。

　　整间店看来杂乱无章，但却有条不紊。不用担心买不到你想要的，更多是你根本想不到的。手杖的分类，有城市用的，乡村用的，银手把的，还有拉开就是一张小椅子的，最贵的一管折合人民币3万元左右。好玩的手杖也有，木管中间挖洞，可以倒出五粒骰子来赌博。野餐时忘记带开瓶器吗？不怕，扭开了手把，就是一个。要喝烈酒吗？杖中藏的是长管玻璃瓶子，有的一节一个，扭开螺丝就可以取出五六个威士忌的管子。最早以前，精良的手工还可以做到手杖打开就能拔出一把长剑来，在现代必然是被法律禁止的。

而所有James Smith& Sons的手杖和雨伞均没有标示，问到如何履行承诺终身保修的时候，店里的人自豪地说：是不是我们做的，一眼就可以看得出来啦！

是否选择做一只衣冠禽兽或是白莲花是你的选择。但无论如何，请选择以正确的方式打开"美"，也请以正确的方式打开我。

46.
把欲望穿在身上

　　曾经有个同事，号称自己的爱好是收集香水。其表现是尤其喜欢买同一品牌五六个Q版香水放在一起的礼盒，好像买几个礼盒套装就能跟该品牌搭上什么莫大的关系。每当办公室里有浓重"异香"飘过的时候，不用抬头，大家就都知道是她来了。

　　后来离职，和朋友聊起一个案子的负责人，我绞尽脑汁都想不出对方的名字，只好说："就是那个，每天都喷不同香水，爱买Q版香水套装的人！"朋友秒懂。

　　香水跟穿衣风格、化妆技术一样，是很容易给人留下深刻印象的（穷酸印象也是一种印象）。在我17岁拥有第一瓶香水的时候，我也曾很迷恋所谓的前调后调、品牌故事、设计灵感之类的东西。到如今一把年纪，拜托，你还真信那些鬼话吗？说到底，不过是品牌给你讲了一个故事，你被这个故事感动，你想要把这个故事穿在自己身上，就好像身临某种情愫一样。不外乎是内心的欲望，以及对外表达的途径罢了。

嗅觉方面，从古至今女性一直要优于男性。所以才会有女性频频抱怨男人不洗澡、衣服有味道，或者是盛赞某男人身上有"洗得干干净净且被阳光晒透的味道"——在这里，洗干净且被阳光晒过意味着该男有轻微洁癖或者刚洗过澡，而被阳光晒透则代表此人的体味不会让人产生反感，甚至带来某种莫名的喜悦。你甚至根本不用怀疑，一些具备较好生理常识的女性甚至可以嗅出男性体味中雄性激素是否分泌适当。

所以，"洗得干干净净且被阳光晒透的味道"翻译过来的意思就是：爱干净且荷尔蒙分泌充足可以约一发的男人。

据说在文艺复兴时期欧洲人就对不同香型做过分析（不得不盛赞，那时候的人真是会玩，且玩得有水准啊），用带有冷调花卉调制出的香水可以让一个女人被人觉得苗条纤瘦，而用动物香气，诸如麝香之类调制的香水则可以让一个女人被人觉得肉感丰腴。这里的冷调也包含木质香调、东方香型。

　　当然，也碰见过不解风情的男性，初次见面就说："你是刚去过非洲打猎吗？怎么闻起来有股子荒野寻尸的味道。"没错，当天用的香水主调就是埃及麝香。品牌的解释是：

　　"时装设计师Narciso Rodriguez首支香熏for her，可以触发无限暖意，加上有他独爱的埃及麝香所散发的幽香，委实是带有强烈的个人色彩，同时又与他所坚持的时装理念不谋而合。Narciso坦言这支香水的特点就是：简洁，挑逗。加入其他花香成分，如花香蜂蜜，有助展现出充满阳光气息的麝香，而橙花及桂花则能增添清新感觉。在珍贵的岩兰草的气息混合后，令木香性感气息更浓郁温暖，从而提升香熏的感官享受。"

　　怎么样？即使是我把简洁和挑逗如此直白地穿在身上，如果碰见错误的对象，所有浪漫还是会给人徒增烦恼。当然，这种概率还是比较低的。

　　我一直都认为，形容一个美女，其实不是从发型、衣着开始，而是从味道。人未见，香已到的意境最易产生美妙的幻想。而这种味道，应该是比内衣更私密、比名字更具有标志性的东西。试想如果全世界女人都真的像广告所说的只爱Chanel NO.5，那得多无聊啊。类似最好的例子是"拜金女王"章小蕙，亦舒数十年评价最会穿衣的香港女郎，从来只钟情JO MALONE的玫瑰。貌似这个牌子如今在国内的专柜仍然寥寥无几，但是在各种媒体杂志中多次看到JO MALONE以及在各种年度榜单前段位置看到它的名字的时候，就好像扑面而来一个章小蕙一样，妖娆浓烈，让人印象深刻。我自己买过一支，留香时间十分短，但一闻便知不是普通货色的玫瑰，且味道十分直接，甚至谈不上什么层次，更谈不上婉约。从气味就感觉到带刺，就像章小姐本人一样。

我自己最近在用的一支同样也是玫瑰系列，不过是santa maria novella rosa，被称作修道院玫瑰或者古意玫瑰——号称是全世界最好的五款玫瑰香水之一。它源自古修道院斑驳的石墙下长出的玫瑰。这种玫瑰在地球上生长了几百万年，它枝茎笔挺，颜色深红，简陋石墙暮色作为背景，不以妩媚喜悦他人。初闻有一点苦味，苦味散掉之后，柔软的玫瑰香浸润开。仿佛压境乌云散开，方见绝壁上生满鲜花，花朵洒脱地开了便开谢了便谢，再艳丽的香气也只肯分一半与人相闻，剩一半珍藏起来，化成外人解不开的幽深谜题。有种禁欲的味道，更衬托它美得惊心动魄。

这就是我最近的欲望表达：别靠近，谢谢。

47.
谎言才是常备药

你还记得你上次接吻是在什么时间吗？我是在10分钟之前。

维基百科说："亲吻是指用嘴唇触碰其他事物，通常是另一个人。特别的是，接吻是指两人的嘴唇互相接触。亲吻是一种经过学习的行为，从其他动物之间的行为学习而来。许多灵长类动物也有亲吻的行为。据研究，亲吻可能也具备了嗅取荷尔蒙的原始生物意义。"也就是说，10分钟之前我嗅取了某人的荷尔蒙。很妙吧？这种在恋人之间经常出现的小动作，多么平淡无奇。

但是如果我要让你承认，谎言也如接吻一样，是发生在亲密的关系之中（并不仅仅局限于恋人之间）非常高频的一种行为，你第一反应首先是立刻否认吧？然后，在极力否认的同时，内心迅速如过电影一般地思考——我最近到底对什么人说了什么谎？

可能是：这件衣服真的很衬你，简直像是写了你的名字！

和女性朋友在一起，如果没什么话题好聊，切记不要聊男人，聊孩子。这两个话题都很容易使自己浑身上下散发出一种市井怨妇的气质。那么，如果当真没什么好聊，聊购物买衫好了。"你这件衣服真的很衬你，简直像是写了你的名字！"通常只要抛出这句话，对方就会立刻喜笑颜开，然后热情地和你分享："我跟你说，我在某某店里买到的这件裙子简直太值了，比之前在纽约看到的要便宜一半的价格。虽然是季尾货，但是在香港也很少有人买到这件的……"

这只是一个开启话题的手段而已，但是你真的觉得这件衣服上写了对方的名字？比如，我非常笃定今年Jason Wu Fall 2015的一系列冷调金属系橄榄绿真丝衬衫和同样是冷调的淡金色v领长裙非常适合Cate Blanchett，这种色系，只要有一张足够白的皮就可以高贵无比。这种专业角度的自信我还是有的，Cate也完全衬得上任何极致评价，毫不夸张。但是我无论如何也无法对一个普通的凡人说出"某某衣服上写了你的名字"这种话，太过肉麻。设计师听到一定会说："不要骗她了，腰间赘肉再减5斤也许还有点希望。"

可能是：多吃一口又不会胖多少，尝尝！

经常会有这种谈话："你正来大姨妈呢，吃多少都不会胖！""你快来大姨妈了，多吃点，不会胖的！""你大姨妈刚走，要好好补一补，怎么会吃一点就胖呢？"这种邪恶的非科学论调，通常从闺蜜和亲妈嘴里说出来。而老公，呵呵，放心好了，他们最多是回答你："宝贝儿，喝点热水。"

虽然知道"不会胖"是谎话，但是在这类对话中，最可恨的不是说话的那个人，而是你自己本身。你难道不承认在面对一桌子美食的时候，明明早晨刚刚称过体重，明明刚对着镜子里的自己号啕大哭谩骂指责过，但是，你的确是希望有人用这种非科学论调的谎言来击溃你最后一点点自我坚持吧？你左等右等，终于有人出声儿了，这时候你就可以坦然舒一口气：是她们让我吃的，我其实也不想的。

在我20岁左右的年纪，我确实不太相信什么坚持身体管理的才是真美人。但是随着年纪越来越长，新陈代谢逐渐减慢，才意识到原来他们说的都是真的。以前可以通宵熬夜喝酒，现在一宿就挂相了，黑眼圈像被谁打过一样。以前从未想过减肥健身的问题，觉得都是闲人的无聊消遣，如今捏一捏腰间，竟然也有赘肉，徒增悲伤。

知道变美的方法是一回事，去做又是另外一回事。靠别人的谎言来麻痹自己的人，日复一日，也就暗淡无光了。好想成为那种肌肤上只淡淡抹一层润肤油就璀璨夺目，衬得上一件Elie Saab的人，但是别骗人了，哪有那么多天生美女且容颜不老？人家不过是比你美，又比你努力罢了。

太多太多的谎言，还有比如"他对你这么冷淡，一定是因为他太爱你害怕太早沦陷""他不懂你的心，是因为他情商比较低罢了，并不代表他不爱你""他这么说不是针对你，只是恰好被你听见了而已"，等等。说这些话的人，无非是猜透了你的心思——你想听啊！

这世界，谎言才是常常备药，真心不是，真话更不是。

48.
用什么点燃孤独

　　我是个有节日恐惧症的人，尤其近几年，几乎要病入膏肓——三天左右的休假就心烦意乱，五天以上可以接近崩溃的边缘，十天的"无目的美好"完全是超出认知的范畴。十天时间什么都不干？那到底要用来干什么？

　　但是，只有一种情况例外。就是一个人的时候，无论多长的假期都可以轻松消受。我想这应该是我大摩羯的通病，从来不爱万人狂欢。

　　不要新衣，不喜热闹，能舒舒服服宅在家里几天就挺好。做爱做的事儿：比如丧心病狂地听几天老歌，画很久之前就许诺给自己的插画，把喜欢的书狠狠再看一遍，最好能老火慢炖一锅热汤。就此窝在沙发里，什么都不穿。手机调成静音，给朋友圈所有晒聚会晒海岛沙滩的人点赞，在海淘网站疯狂下单。反正，一切能满足自己低俗小趣味的快乐皆可，需配合别人剧本的通通不要。

这个时候，应该适合读闲散且容易引起思考乐趣的书，比如《包益民与大明星聊什么》。坦言我是包老师多年的脑残粉，他名头如下："亚洲乃至世界知名的创意设计师。国际著名杂志Wallpaper在2008年评选他是为亚洲创意产业经济带来卓越贡献的杰出人士之一。2009年，他成为史上首位获邀担任戛纳广告设计展评审的华人。Archive杂志评选他为'全球排名第七与获奖最多的创意总监'。"

本书集结了PPAPER自创刊以来50位全球重量级设计师、建筑师、时尚编辑等活跃于创意文化产业一线的大师及团队，以访谈的形式，娓娓道来这些文创领域执牛耳者的行业经验、生活趣味、执业素养及创作观念，一本书网罗全球创意先驱全纪录。

以上信息你全都可以在各大网站查到，但我要说的是，即使你不了解包益民本人，随意翻开此书的任何一页，也会让你兴趣满满可以有持续读下去的欲望。他通篇聊的是方法，是观点，而不是针对某物或者某人。

很多人问我，看什么时尚相关书籍才能提升品味？要看哪个版本的专业书最地道？拜托，如果时尚品味有系统理论学这回事儿的话，那得多无聊啊！去延伸你的触角，看不同领域的东西寻找灵感好吗？

或者，此时也可以选一瓶好酒，比如Aberlour 18，适合在深夜和自己缄默对坐。口感是杏仁和奶油的香甜，略夹成熟杏子和带有一丝蜂蜜味的橡木口感，余味从甘草香到香木香，余韵延绵不绝。

此品牌自2014年进入中国市场，推出Aberlour 12年、16年和18年单一麦芽苏格兰威士忌。Aberlour威士忌得名于其产地，在盖尔语中意为"潺潺流动的小溪口"，Aberlour的泉水纯净而柔顺，早在公元6世纪就被传道士奉为圣水，用来给当地的苏格兰高地居民施以洗礼，这也成为酿造Aberlour威士忌的优质水源保证。酿酒厂坐落于斯贝塞的中心，这里以生产口感馥郁优雅的顶级威士忌而闻名，四周峡谷环绕风光秀丽，除了拥有独一无二的山泉水质，天然的空气湿度也赋予威士忌绝佳的陈酿条件。

但与大多数威士忌的陈酿方式不同，Aberlour采用的是双桶陈酿工艺，即精选优质波本桶与顶级雪莉桶，将威士忌同时置于两种橡木桶中陈酿至少10年，待充分熟化后再混合，于是，各具特色的口味与质感就此巧妙融合。美国波本桶赋予了威士忌甜美的香草味和金黄色泽；奥罗鲁索（Oloroso）雪莉桶则带来独一无二的辛香口感和琥珀光泽。

　　就我个人而言，人世间的乐观和幸福肯定不是常态，悲观和孤独才是，只是很少有人愿意承认这一点罢了。但是在我点燃孤独的时刻，我却并不悲伤，而是常常心怀喜悦：有一个还算顺眼的皮囊，有让人兴奋的事业，有可以对谈或者可以彼此沉默的恋人，有毛茸茸的宠物和舒适的家，还有小世界里的诗画酒……管什么人间沧桑，就这样挺好。

49.
如果，单身生活

　　细算下来，我这个人竟然从未经历过空窗期，从16岁上高二开始至今。这到底是怎么回事，不是在恋爱，就是在进入恋爱状态的路上，心里或身边永远都有那么一个人。没错，甜蜜有人陪伴固然很好，但有时候也想知道长期一个人生活究竟是什么样的状态。

　　是偶然的一次，在厦门街边的咖啡馆闲坐。你知道的，就是那种厦门遍地都是的咖啡馆：不知名的小花，漂亮的桌布和小玩具，柔软的猫窝在脚边或者身后，阳光热辣地洒在脸上。手边正好有一本高木直子的《一个人住第9年》，不知道是不是上一位客人留下的，反正闲着无聊，看起来都是图片也不需要耗费脑力，谁知道打开第一页就停不下来。后来，还陆续买过直子的《一个人吃太饱》《一个人暖呼呼》《一个人的狗回忆》《一个人搞东搞西》《一个人出国到处跑》，也追着返回头买过《一个人住第5年》，画风和内容确实和第9年那本有很多不同。我是个从不看绘本漫画的人，印象中也只买过直子这几本，完全是被她的生活方式所吸引——原来有那么多可以一个人干的事，且干得津津有味。

如果，现在给我一段单身生活，就一年吧，我希望是这样的：

1. 不吃早餐

我反对一切按部就班的生活，也反对一切所谓"我都是为了你好"的养生教育。如果按照"为了我好"这个逻辑出发，那么我认为，让我睡到12点自然醒然后吃个brunch才是我真的想要的那种"好"。当然啦，吃早餐的益处我不是不知道，但是人生缺了这项"益处"又能怎样？而且如果两个人在一起，彼此迁就作息时间是一定的。但是单身这段时间我的态度是：你管我那么多干吗？

但就早餐来说，中式、西式我都未曾爱过。中式味道太大，离几米远就能闻见一股包子味儿，还是肉馅的，和出门前精心涂抹的香水味儿简直不搭。西式的又太过冰冷，酸奶、坚果、柳橙、油乎乎的单面煎蛋，怎么看都像是性欲冷淡的人的标准配置。港式早茶很好，可惜就是太耗费时间，一不小心就吃多了。不过，港式早茶也是最符合我要求的"早餐"，懒洋洋，不慌不忙。

2. 开放式阳台

因为种种原因，只要是想生活在帝都，开放式阳台基本都是梦幻。如果是单身的话，我希望可以移居一段时间南方小镇，四季就不分明，也没有雾霾和车流如注。在宽敞的阳台上放一个浴缸，到夜晚就泡进芬芳的热水里，喝一杯红酒看星星。

但是，客观地说，这样的愿望应该很难实现。在国内，气候条件达标的，楼群密度不行。在阳台放浴缸这种事分分钟会被物业警告。另外，对我来说哪有喝一杯红酒的事？从来都是一瓶起喝。如果喝多了裸体睡在阳台浴缸里，竟然有点不敢想象。

3. 文身

已经有好几个朋友问过我：你是有文身的吧？不，当然没有，我是一个如此喜新厌旧的人，怎么能容忍同一个图案在身上停留若干年。想到一个固定的图案要搭配套装、短裙、沙滩比基尼、高腰短裤就头疼。长辈审视的眼光倒还是次要的。

但如果是单身的话，会不会想仪式化一点？毕竟是另外一种状态的抽离，那就来一点有新意、似乎是可以突破自我的东西？于是我能想到最好的、最方便快捷、引人注意的就是文身了。这似乎是一种对周围人的宣言："我做出了改变，因为我的感情生活令我与众不同。"龇牙咧嘴流一番眼泪，饱受身心折磨，对单身这件事来说，的确是挺应景的。

以上种种，都是很无趣的"做样子"罢了。总归是知道，单身生活不会一直持续，仍然有可以期待的人在即将到来的日子，做样子哄自己开心呗。

像高木直子绘本里画的那种，一个人住9年（现在应该远远超过9年），反正我是无法想像的。生活不能一直嗨啊，如果嗨是常态的话，那还有什么对比的乐趣可言？

所以，我们才应该热爱痛苦。

50.
别让我融入你们

我的男闺蜜常有异于常人的逻辑，但是事后想想，他竟然是三观最正确的那个。

比如，我们两个人聊酒后乱来，一般人都会在第二天发个致歉短信对吧？类似于：对不起，昨天是我喝多了之类云云。但男闺蜜的态度是，什么玩意儿就喝多了，干了点好事全赖在酒精上。就不能好好承认大家彼此都是成年人，在适当的时间里适当地意乱情迷一下？哪怕隔天想起来对方的脸（是的，这时候也难为你能记得起人家长相了），仍然觉得对方并不是满意的对象，那就不再联系就是了。何必做了又推脱？

再比如，他最近经常跟我说的话是："别用网络语言聊天，不仅显得智商特别低，而且还特别无聊。"仔细想想，竟然觉得无言以对。

Filip Pagowski是谁，你大概没有印象，但你一定知道Comme des Garcons这几年变得家喻户晓的"PLAY"logo。没错，那枚红色有眼睛的心形就是出自他手。当初他画了很多图案，川久保玲看了一眼说："我就要这个。"于是，从此几乎改变了整个品牌的形象和Filip Pagowski的人生。

Filip的父亲是著名的平面设计师，母亲是画家。从小在艺术的氛围中长大，使得他比别人更幸运，他很早就知道自己热爱什么，以及之后会从事什么。作为一名和时尚品牌长期深度合作的平面设计师，他对风格有着自己独特的定义：

他认为风格在所有事物当中都相当重要，包含衣、食、住、行等，是一种优雅。如果你能适宜地表现自我，而使自己成为某种风格，那就是fashion。当然，fashion也有另外一面，使得人们像奴隶一般执拗地选择做一个追随者。同理，所有的视觉艺术和流行文化都是如此，应该是原创的、独特的东西，而不是反映自己是否跟得上的潮流。

他说自己一直以来并没有对fashion有太多兴趣，是因为这样比较健康，可以不用太努力就远离不当的媒体。而如今，不当的媒体应该都是主流媒体了吧？这样坚决地摒弃主流，可能跟他小时候生活的国家（波兰）有关，据他自己说是很幸运，从小几乎没有受过漫画和卡通的污染。所以现在才能始终保持自我、保持敏感的视角。

而Filip也毫不客气地毒舌说：美国人大多受"速食"流行文化洗脑，大多数人停止他们的思维和视觉去接受新鲜的东西，有量贩有大型工厂就好了。就好比吃惯了垃圾食物，不允许味蕾培养敏锐度去品尝真正的美食。

前几天还看了山本耀司的一篇访谈，原载于1997年2月日本版的《装苑》，这几天不知道被谁翻了出来，还细心做了翻译整理。在文中山本耀司毫不客气地说："现在的世界，正处在一个恶俗没品味的时代——穿着prada（的衣服），戴着hermes戒指，拿着Lv的包，脚踩fendi或ferragamo的鞋，身披皮草大衣。就这么包了一身名牌，坐着不知道谁送给她的宝马或者保时捷，这样的人会去读《装苑》吗？"

他认为在这个年代的日本，也只有他自己和川久保玲（没错，又是川久保玲）在80年代所做的avant-garde是正确的了。他们尝试将服装破坏、涂抹甚至剥离。在比利时、奥地利那些国家，越来越多的年轻设计师仿效安特卫普出身的DriesVan Noten那样，并不是以作品为核心，而是作为潮流的引领者，做出合乎时代的easy&simple的服装。

而现在的年轻人，应该更多地去思考，去烦恼，去阅读，青春应该是这样的。但是这些完全都没人在做，就是知道色诱，脱下水手服就换上高级时装，小小年纪为了自己的高级享乐到处卖笑（日本曾经有很长一段时间，老男人愿意用一支LV包袋的价格，去摸一下年轻姑娘的膝盖）。现在所谓奢侈品的那些品牌，全都太过保守太过时，土得掉渣！所以，他认为像自己这种设计师的工作，就是要靠在服装上的设计，把这种强烈的反对意见传达出去，告诉她们那样太老土了，简直弱爆了。

从这个角度，不得不说，山本耀司骨子里还是一个喜爱摇滚、喜欢表达自己的少年。

我想Filip Pagowski说的文化洗脑，或者山本耀司说的要做一个潮流的引导者去烦恼去感受，应该跟男闺蜜说的"不要用网络语言聊天"是一个意思。流行的真相往往都非常简陋粗暴，摸不着头脑且持续度很低，低到一转头你甚至想不起来它曾经流行过。

如果你告诉我你不用微信微博，不追韩星，不买Michael Kors的话，我一定会觉得你非常幸福。因为想说话的对象就在身边，也不用为了选择难看的东西而烦恼啊。

51.
我只是教你照镜子

被小妹妹问，跟大叔在一起最重要的是什么？

当然，保持年轻美丽很重要，有法令纹和颈纹的萝莉远远比你想象中让人心塞。当然，做人有见识、有质感也很重要，毕竟没有谁会真的愿意每天当爹，带你出去见朋友也不会因为你只知道聊韩星、漫画而尴尬。但是，最最重要的是：识趣。

这个识趣你可以理解为懂事，但绝对不是一味迁就。

比如他百忙之中约你吃饭，你不要说"随便"好吗？你知道这个"随便"会耗费他多少脑细胞吗？你完全可以直接选出你自己最爱的餐厅，征询他的时间，然后乖巧地去打电话预订。预订信息发到他手机的那一刻，他一定会感叹：真是省心的姑娘。也许，甚至，还会腾出时间开车接你。

再比如，你半夜12点打电话给他，他声音严肃地说："现在不方便，回头我打给你。"那么，你需要做的就是默默挂掉电话。而不是无止境追问"大晚上的你有什么不方便？你在干吗？和谁在一起"，等等。人家"不方便"的意思就是要你收声，你如果不识趣一定要追几十通电话过去，抱歉，很可能电话通了是正室接的。

我举的这两个例子，大概有很多小妹妹会不认同。你也许会说："他真的没有那么忙啊，他每天都会主动抽时间陪我啊。"那么对不起，你的大叔虽然一把年纪，但事实上在事业上他是个loser。你也可能会说："这两种情况我都遇到过，但你说得不对，男人服务我、伺候我、随时听我派遣是应该的事。"那么同样对不起，您公主癌大概是已经到晚期了，别治了，来不及了。

作为一只控制欲很强的大摩羯，以前我很热衷于让所有人听我的建议，尤其是在穿衣搭配这件事上。但近几年我逐渐发现，即使说得再明白，听者还是很可能误解。所谓醍醐灌顶是非常可遇而不可求的事，更别说指望对方举一反三。所以我想通了，时尚媒体从业者也好，心灵鸡汤美厨娘也好，多数的工作其实只是教人照镜子。至于从镜子里能看到什么，那是属于每个人的风景，冷暖自知。你完全有理由相信镜子中的自己就是"真实"本人，别人也完全有理由认为，你面前的只是"哈哈镜"。

前几天看苗炜（《三联生活周刊》副主编，《新知》杂志主编）老师写的一篇关于思索传统杂志和新媒体之间关系的文章，他在里面说到"像我这样的中年人，还不愿意落伍，时常关注科技进步，夜里也会看苹果发布新产品的直播。有一个夜晚，苹果发布他们Apple Watch，我看到某个科技媒体的评论，大意是，苹果这款产品将改变手表行业，虽然这款表不能颠覆瑞士那些奢侈手表品牌，但是，迷恋瑞士机械表的都是中老年人，这些人已经不再重要。Apple Watch到底长什么样，很多人尚未见到，我虽是果粉，也觉得这样吹嘘，逻辑上并不恰当。更让我心酸的是，我虽迷恋瑞士机械表，但手上戴的不过是瑞士石英表，一直想着五十岁时能买一块IWC。可在年轻分析师眼里，戴机械表的中年人已经不再重要，戴石英的中年人就更不值一提了。这种即将被扫进历史垃圾堆的感觉，在2014年尤为强烈。"

但是苗老师也在文章结尾说道："我为啥要讨好年轻人呢？我为啥要考虑他们呢？我自己珍视的东西是什么呢？我自己珍视的价

值是什么呢？……我做自己擅长做的事情、宣扬我所珍视的价值的时候，我非常踏实，哪怕它不合时宜，也不会让我觉得滑稽。"

这恰恰也是我所理解的媒体需要传达的东西，懂善巧，有坚持。

音乐没有试图解释过任何东西，一件高级定制的礼服也没有，一本书也没有。问题都是自己的，文字也好物品本身也好，都只是给你一面镜子，是你自己在解释。我想，关于这本书，我也只能是提供一种"照镜子"的方式，并不是说人们看了这本书之后就会变得很美，变得会穿衣搭配，甚至是变得懂生活……我只是提供一种思考方式而已，怎么想是你的事了。

任君随意，简单说就是：你开心就好。

后记

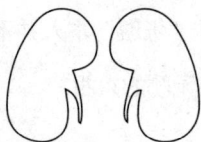

不出意外，"张璇"应该分布在全国甚至全世界各个城市。有高的，有胖的，有妖艳少妇或清新少女，也可能，还有花甲白发的阿姨（此处叫奶奶可能更装嫩一点），等等。她们有各自不同的生活和工作，爱着不同的男人或者女人，吃着难吃或美味的食物。"张璇"，众生相而已。

而我，只是其中一个。我对此并无疑问。

长久困扰我的是：是谁规定了你的时尚态度和生活审美趣味？

而也许那些困惑，那些不同的选择，才是生活趣味所在。

　　每天都可能是角色扮演，也可能每天都是错误的排练。我只是想聊聊我看到的和在乎的东西，你们从《Low Fashion 老发烧》里看到了什么，任君选择。"张璇"本人并不以指导"正确"来体现存在感，因为正确，是最无聊的东西。

图书在版编目(CIP)数据

老发烧/张璇著.—武汉：武汉大学出版社,2015.8（2019.8　印）

ISBN 978-7-307-15667-8

Ⅰ.老… Ⅱ.张… Ⅲ.社会生活－文集 Ⅳ.C913-53

中国版本图书馆CIP数据核字（2015）第147038号

责任编辑：刘汝怡　　　责任校对：林方方　　版式设计：刘珍珍

出版发行：**武汉大学出版社**　　（430072　武昌　珞珈山）

（电子邮　：cbs22@whu.edu.cn 网址：www.wdp.com.cn）

印刷：阳谷毕升印务有限公司

开本：880×1230　1/32　　印张：8　　　字数：100千字

版次：2015年8月第1版　　2019年8月第2次印刷

ISBN 978-7-307-15667-8　　定价：45.00元

之前的消费观被轰炸和碾压啦，不过居然可以这么爽。

——豆瓣网友

看她的文字，就像在平庸的人群中撞来一个胸大有脑、叛逆有趣的姑娘。

——某位被张璇吸引的编辑

一直关注张璇在豆瓣和搜狐上的文字。相信我，你真的没见过这样的时尚专栏。

——某时尚圈人士